U0111366

大展好書　好書大展
品嘗好書　冠群可期

大展好書　好書大展

品嘗好書　冠群可期

武術特輯
38

楊式太極拳

傅鐘文　演述
周元龍　筆錄
顧留馨　審

中國武術協會審定

大展出版社有限公司

楊式太極拳簡介

　　楊式太極拳是太極拳的一個流派。這派太極拳是由河北永年人楊祿禪(1799—1872年)及其子楊健侯(1839—1917年)、其孫楊澄甫(1883—1936年)等人在陳式老架太極拳的基礎上發展創編的。

　　楊式太極拳拳架舒展簡潔，結構嚴謹，身法中正，動作和順，輕靈沈著兼而有之；練法上由鬆入柔，剛柔相濟，形成獨特的風格。

　　由於楊式太極拳姿勢開展，平正樸實，練法簡易，因此它深受廣大群眾熱愛，開展得最為廣泛。

　　楊式太極拳的拳架有高、中、低之分，初學者可根據不同年齡、性別、體力條件，以及不同的要求，採用高低不同的拳架適當調整運動量。因此，它既適於體力較好者用來增強體質，又適用於體弱者作為療病和保健的手段。

4　楊式太極拳

前　言

　　為了繼承楊澄甫老師精湛的太極拳技術，我受人民體育出版社之托，自1961年5月開始編寫本書，直至1962年8月才全部寫完。

　　「太極拳之練習談」和「太極拳說十要」兩文，錄自先師楊澄甫所著《太極拳體用全書》，並在三兩處作了某些刪節，以作為讀者練習本拳套時的指南。

　　拳路圖解和推手圖解兩部分係由我演述，由周元龍先生筆錄和繪圖。

　　編寫本書的目的在於繼承傳統套路，並不以技擊為主，所以只在動作方面作了較詳細的說明，對於技擊作用則從略。在動作要點方面，我根據《太極拳體用全書》的原來架式，同時參考先師所著《太極拳使用法》而編寫的，另外，我儘量將過去先師教導我時對每個姿勢所提出的要求寫出，未曾增減，公諸同好，以為楷式。在圖照方面，有76幅是按照先師原有拳照加以摹繪的，其餘是根據練法和動作分解上的需要而添繪的。

　　在編寫本書過程中，國家體委武術科和上海市體委曾予以大力支持，顧留馨先生對本書進行審閱，並提出了寶貴的意見。此外，先師次子振基和三子振鐸曾為本書校訂。我在這裏謹表示衷心的感謝。

　　本書由我主編，但限於水平，所有演述難免有不到之處，熱忱希望讀者不吝指正和批評。

傅鐘文 謹 識
1962年8月於上海

目　錄

第一章　太極拳要領

太極拳之練習談

楊澄甫口述

張鴻逵筆錄

中國之拳術，雖派別繁多，要知皆寓有哲理之技術，歷來古人窮畢生之精力，而不能盡其玄妙者，在在皆是，學者若費一日之功力，即得有一日之成效，日積月累，水到渠成。

太極拳，乃柔中寓剛、棉裏藏針之藝術，於技術上、生理上、力學上，有相當之哲理存焉。故研究此道者，須經過一定之程式與相當之時日，雖然良師之指導、好友之切磋，固不可少，而最緊要者，是在逐日自身之鍛鍊。否則談論終日，思慕經年，一朝交手，空洞無物，依然是門外漢者，未有逐日功夫。

古人所謂，終思無益，不如學也。若能晨昏無間，寒暑不易，一經動念，即舉摹練，無論老幼男女，及其成功則一也。

近來研究太極拳者，由北而南，同志日增，不禁為武術前途喜。然同志中，專心苦練，誠心向學

，將來不可限量者，固不乏人，但普通不免入於兩途，一則天才既具，年力又強，舉一反三，穎悟出群，惜乎稍有小成，便是滿足，邅邅中輟，未能大受；其次急求速效，忽略而成，未經一載，拳、劍、刀、槍皆已學全，雖能依樣葫蘆，而實際未得此中三昧，一經考究其方向動作，上下內外，皆未合度，如欲改正，則式式皆須修改，且朝經改正，而夕已忘卻。

故常聞人曰：「習拳容易改拳難。」此語之來，皆由速成而致此。如此輩者，以誤傳誤，必致自誤誤人，最為技術前途憂者也。

太極拳開始，先練拳架。所謂拳架者，即照拳譜上各式名稱，一式一式由師指教，學者悉心靜氣，默記揣摹，而照行之，謂之練架子。

此時學者應注意內外上下：屬於內者，即所謂用意不用力，下則氣沈丹田，上則虛靈頂勁；屬於外者，周身輕靈，節節貫串，由腳而腿而腰，沈肩曲肘等是也。

初學之時，先此數句，朝夕揣摹，而體會之，一式一手，總須仔細推求，舉動練習，務求正確。習練既純，再求二式，於是逐漸而至於習完，如是則毋事改正，日久亦不致更變要領也。

習練運行時，周身骨節，均須鬆開自然。其一，口腹不可閉氣；其二，四肢腰腿，不可起強勁。此二句，學內家拳者，類能道之，但一舉動，一轉身，或踢腿擺腰，其氣喘矣，其身搖矣，其病皆由閉氣與起強勁也。

一、摹練時頭部不可偏側與俯仰，所謂要「頂頭懸」，若有物頂於頭上之意，切忌硬直，所謂懸字意義也。目光雖然向前平視，有時當隨身法而轉移，其視線雖屬空虛，亦為變化中一緊要之動作，而補身法手法之不足也。其口似開非開，似閉非閉，口呼鼻吸，任其自然。如舌下生津，當隨時咽入，勿吐棄之。

二、身軀宜中正而不倚，脊梁與尾閭，宜垂直而不偏；但遇開合變化時，有含胸拔背、沈肩轉腰之活動，初學時節須注意，否則日久難改，必流於板滯，功夫雖深，難以得益致用矣。

三、兩臂骨節均須鬆開，肩應下垂，肘應下曲，掌宜微伸，手尖微曲，以意運臂，以氣貫指，日積月累，內勁通靈，其玄妙自生矣。

四、兩腿宜分虛實，起落猶似貓行。體重移於左者，則左實，而右腳謂之虛；移於右者，則右實，而左腳謂之虛。所謂虛者，非空，其勢仍未斷，而留有伸縮變化之餘意存焉。所謂實者，確實而已，非用勁過分，用力過猛之謂。故腿曲至垂直為準，逾此謂之過勁，身軀前撲，即失中正姿勢。

五、腳掌應分踢腿（譜上左右分腳或寫左右起腳）與蹬腳二式，踢腿時則注意腳尖，蹬腿時則注意全掌，意到而氣到，氣到而勁自到，但腿節均須鬆開平穩出之。此時最易起強勁，身軀波折而不穩，發腿亦無力矣。

太極拳之程式，先練拳架（屬於徒手），如太極拳、太極長拳；其次單手推挽、原地推手、活步

推手、大攦、散手；再次則器械，如太極劍、太極刀、太極槍（十三槍）等是也。

練習時間，每日起床後兩遍，若晨起無暇，則睡前兩遍，一日之中，應練七、八次，至少晨昏各一遍。但醉後、飽食後，皆宜避忌。

練習地點，以庭園與廳堂，能通空氣，多光線者為相宜。忌直射之烈風與有陰濕霉氣之場所，因身體一經運動，呼吸定然深長，故烈風與霉氣，如深入腹中，有害於肺臟，易致疾病也。

練習之服裝，以寬大之中服短裝與闊頭之布鞋為相宜。習練經時，如遇出汗，切忌脫衣裸體，或行冷水揩抹，否則未有不罹疾病也。

太極拳說十要

楊澄甫口述
陳微明筆錄

一、虛靈頂勁

頂勁者，頭容正直，神貫於頂也。不可用力，用力則項強，氣血不能流通，須有虛靈自然之意。非有虛靈頂勁，則精神不能提起也。

二、含胸拔背

含胸者，胸略內涵，使氣沈於丹田也。胸忌挺出，挺出則氣擁胸際，上重下輕，腳跟易於浮起。拔背者，氣貼於背也，能含胸則自能拔背，能拔背則能力由脊發，所向無敵也。

三、鬆腰

腰為一身之主宰，能鬆腰然後兩足有力，下盤穩固；虛實變化皆由腰轉動，故曰：「命意源頭在腰隙」，有不得力必於腰腿求之也。

四、分虛實

太極拳術以分虛實為第一義，如全身皆坐在右腿，則右腿為實，左腿為虛；全身皆坐在左腿，則左腿為實，右腿為虛。虛實能分，而後轉動輕靈，毫不費力；如不能分，則邁步重滯，自立不穩，而易為人所牽動。

五、沈肩墜肘

沈肩者，肩鬆開下垂也。若不能鬆垂，兩肩端起，則氣亦隨之而上，全身皆不得力矣。墜肘者，肘往下鬆墜之意，肘若懸起，則肩不能沈，放人不遠，近於外家之斷勁矣。

六、用意不用力

太極拳論云：此全是用意不用力。練太極拳全身鬆開，不使有分毫之拙勁，以留滯於筋骨血脈之間以自縛束，然後能輕靈變化。圓轉自如。或疑不用力何以能長力？蓋人身之有經絡，如地之有溝洫，溝洫不塞而水行，經絡不閉則氣通。如渾身僵勁滿經絡，氣血停滯，轉動不靈，牽一髮而全身動矣。若不用力而用意，意之所至，氣即至焉，如是氣血流注，日日貫輸，周流全身，無時停滯。久久練習，則得真正內勁，即太極拳論中所云：「極柔軟，然後極堅剛」也。太極拳功夫純熟之人，臂膊如綿裹鐵，分量極沈；練外家拳者，用力則顯有力，

不用力時，則甚輕浮，可見其力乃外勁浮面之勁也。不用意而用力，最易引動，不足尚也。

七、上下相隨

上下相隨者，即太極拳論中所云：「其根在腳，發於腿，主宰於腰，形於手指，由腳而腿而腰，總須完整一氣」也。手動、腰動、足動，眼神亦隨之動，如是方可謂之上下相隨，有一不動，即散亂也。

八、內外相合

太極拳所練在神，故云：「神為主帥，身為驅使。」精神能提得起，自然舉動輕靈。架子個外虛實開合。所謂開者，不但手足開，心意亦與之俱開，所謂合者，不但手足合，心意亦與之俱合，能內外合為一氣，則渾然無間矣。

九、相連不斷

外家拳術，其勁乃後天之拙勁，故有起有止，有續有斷，舊力已盡，新力未生，此時最易為人所乘。太極拳用意不用力，自始至終，綿綿不斷，周而復始，循環無窮。原論所謂「如長江大河，滔滔不絕」，又曰「運勁如抽絲」，皆言其貫串一氣也。

十、動中求靜

外家拳術，以跳躑為能，用盡氣力，故練習之後，無不喘氣者。太極拳以靜禦動，雖動猶靜，故練架子愈慢愈好。慢則呼吸深長，氣沈丹田，自無血脈僨張之弊。學者細心體會，庶可得其意焉。

第二章　楊式太極拳圖解

楊式太極拳拳式名稱順序

關於圖照的幾點說明

1.　楊式太極拳圖解有動作分解圖244幅和附圖7幅，共計251幅，其中有76幅是按照楊澄甫生前拳照摹繪的，其餘是根據需要而添繪成楊澄甫體型的。今將按楊澄甫原照所描之圖的圖號列出，以便讀者參考：3、6、9、11、14、17、22、24、28、33、35、37、41、43、49、53、56、60、74、78、81、82、85的側面圖，87、90、92、93、96、103、105、109、111、112、115、118、121、124的側面圖，127、130、133、135、139、142、143、146、153、156、160的側面圖，163的側面圖，169的正面圖，172、175、179、181、184、187、189、195、199、202、206、207、209、212、214、217、218、220、223、227、228、230、232、238、241、244。

2.　為了便利讀者查對拳式的方向，把圖照中姿勢的方向約定為：

面向讀者等於向南，背向讀者等於向北，面向讀者右面等於向東，面向讀者的左面等於向西。

當讀者練習純熟後，可以根據場地形狀任選方向，不一定要把預備式從面南站立開始。

3.　圖中所有帶有實線或虛線的箭頭，均表示手或腳的動作趨向，所有圖中的箭頭，均表示由本圖過渡到下一圖的動作趨向。凡動作較簡單、用文字即可能說明的，即不再在圖中表示其動作趨向和

繪箭頭，可參看文字和後一圖就可明瞭。

　　4.　帶有實線的箭頭表示右手或右腳的動作趨向，帶有虛線的箭頭表示左手或左腳的動作趨向。

　　5.　為了表示動作趨向的空間，帶有虛實線的箭頭大致上按透視原理繪製：近讀者的一面為粗、大，遠讀者的一面為細、小。

　　6.　由於太極拳中腳的動作也較細緻，為了表明腳與地面的關係，在腳旁繪上陰影，以資區別。（參閱下圖）

表示全腳著地

腳旁無陰影者，表示全腳離地

表示腳跟著地

表示腳尖著地

楊式太極拳圖解

第一式　預備式

兩足左右開立，距離同肩寬，腳尖皆朝前；身體自然直立；兩臂自然下垂；眼向前平視。(圖1)

圖1

【要　點】

1.　要求「虛領頂勁」、「氣沈丹田」、「尾閭中正」、「含胸拔背」。在這幾個主要要求下，放鬆全身，做到「立身中正安舒」，並貫串於整套動作之中。這幾點要求，?太極拳所有動作的共同要點，鍛鍊時須刻刻記住，在後文的要點中不再一一重述，而僅提醒某一動作容易違反其中某一要求。例如，攬雀尾中的擠式和按式，初學者往往身體容易前俯或後仰，因此就在要點中及時提出，而其他共同要點雖未提及，但仍然要注意。

2.　兩臂下垂，肩關節要放鬆；手指自然微屈。

3.　精神要自然提起；心要靜，不要有絲毫雜念。

4.　預備式中的要點大都是整套動作的要點，

所以該式是一切動作的基礎，初學者尤當注意。

第二式　起　勢

　　動作一：兩臂徐徐向前平舉至高與肩平，兩掌相距同肩寬，掌心皆朝下。（圖2）

　　動作二：兩肘下沈，自然地帶動兩掌徐徐向下按至胯前，手指仍朝前，掌心仍朝下；眼向前平視。（圖3）

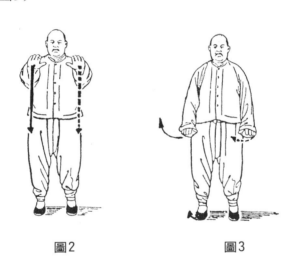

圖2　　　　　　　　　　　　圖3

【要　點】

　　1.　在兩臂未舉之前，應仔細檢查一下預備式是否合乎要求，然後開始做起勢動作。

　　這時，思想要領先，要集中在每個動作的動向上，也就是要做到《十三勢行功心解》所要求的「先在心，後在身」。例如在做該式兩臂前平舉時，先要意識到怎樣舉，然後隨著徐徐舉起；即使是重

複的或已很熟練的動作，也必須這樣做，否則，內外動作容易散亂。

2.　練習太極拳時，自起勢至收勢，每個動作都要求「沈肩墜肘」（詳見《太極拳十要》一文）。如該式兩臂前舉和兩掌下按時，兩肩不可聳起、緊張或用力，必須鬆開下沈。兩臂前舉時兩肘不可挺直，須有微屈下墜之意。兩肘下沈帶動兩掌下按時，「墜肘」固然很明顯，即使在兩掌已下按到兩胯前時，仍然要求「墜肘」。在這點上，初學者往往較難理解：認為肘部既已垂在下面，終不能把肘「墜」於兩掌的下面去。

其實，在這種姿勢上（後面動作中也有類似情況，如摟膝拗步中摟膝之手等），對「墜肘」應該這樣來理解：就是兩肘須微屈，使小臂向前微彎，這樣，肘尖露出，與地面成垂直線，仍然可達到「墜肘」的要求；而如果兩小臂也垂直，就失掉「墜肘」之意了。

3.　要做到坐腕。所謂坐腕，就是把掌根下沈，手指節微微上翹，但不可用力翹起，必須自然，這樣才能把勁貫至掌根，手指也有所感覺。能坐腕，才能「形於手指」。

4.　太極拳從起勢到收勢，所有前後動作之間必須連接，不可停斷，要求速度均勻，綿綿不斷，一氣呵成。例如，該式兩掌前舉至高與肩平時即下落，其間不可有停頓現象，亦即每一動作到定點時，必須做到「似停非停」。

5.　練習此拳套用掌時，五指要自然舒展，不

可用力張開，也不可鬆懈、彎曲，掌心要微呈凹形
。

第三式　攬雀尾

(一)　左右掤式

動作一：右腳尖外撇45度，身體同時右轉45度
。隨轉體時，重心漸漸移於右腿，右腿屈膝微蹲，
左腳經右踝內側向右提。同時，右掌隨轉體自下經
腹前而上，在右胸前向右向裏向左抹轉一小圈，掌
心朝下；左手也同時經腹前向右弧形抄至右掌下方
，隨抄隨著臂外旋使掌心翻朝右面上方；兩掌相對
如抱球狀，右肘稍墜；略低於腕，兩臂呈弧形。眼
隨轉體平視轉移，眼神稍先於右臂到達，並要顧及
右臂。（圖4—5）

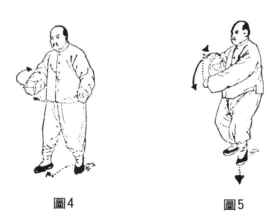

圖4　　　　　　　　圖5

動作二：右腿繼續漸漸下蹲，左腳向左前邁出
一步，先以腳跟著地，隨著重心漸漸移向左腿而至

全腳踏實，腳尖斜朝西南，弓左腿，蹬右腿，成左弓步。當左腳前邁時，身體稍向左轉，當左腳跟一經著地，身體即漸漸右轉。同時，左肘稍屈，以左小臂向左上弧形掤出，左掌高與肩平，腕微裏屈，掌心斜朝右面上方；右掌向前而右弧形下採至高與胯齊，掌心朝下，手指朝前，坐腕，指節微向上翻。眼向前平視，眼神要關及兩掌左右分開（圖6）。動作一、二為左掤，動作三、四為右掤。

　　動作三：重心漸漸全部移於左腿，身體微左轉

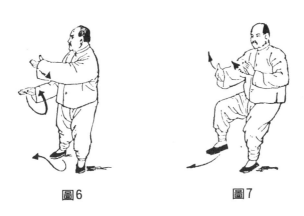

圖6　　　　　　　　　　圖7

，右腳經左踝內側弧形向前提起。隨轉體時，左肘向左後方微下撤，自然帶動左掌下移於左胸前，隨下移隨著臂內旋使掌心漸漸翻朝右面下方；右掌同時向左弧形抄至腹前，隨抄隨著臂外旋使掌心翻朝左面上方，與左掌成抱球狀，兩臂均呈弧形。眼神略顧左臂後撤，即漸漸轉向右臂前方平視。（圖7）

　　動作四：右腳向右（西）邁出，先以腳跟著地，隨著重心漸漸移向右腳而至全部踏實，弓右腿，

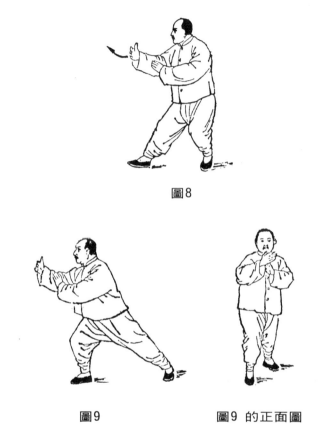

圖8

圖9   圖9 的正面圖

蹬左腿，成右弓步；同時身體微向右轉。隨著轉體，右小臂同時向右（西）上掤，右掌高與肩平，肘稍低於掌；左掌隨右臂向前推出。眼向前平視，眼神要顧及右小臂前掤。(圖8—9 和圖9 的正面圖)

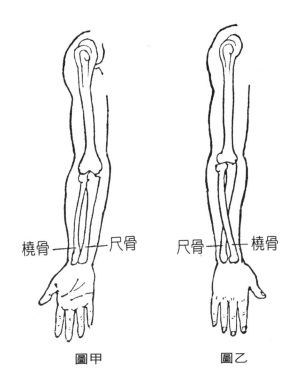

橈骨———尺骨　　尺骨———橈骨

圖甲　　　　　　圖乙

　　註：關於動作說明中的臂外旋或臂內旋的詳細動作，在這裏作一下說明，後文不再重述。臂外旋，如以右手心朝裏（圖乙）為例，就是把拇指的一側向掌背（或拳背）一面旋轉，使手心轉朝外，亦即使小臂的橈骨離開尺骨而向「外旋」轉（如由圖乙向外旋轉而成圖甲）；臂內旋，就是把拇指一側向掌心（或拳心）一面旋轉，使手心轉朝裏，亦即使橈骨圍繞尺骨「內旋」而交叉在尺骨的上面（如由圖甲向內旋轉而成圖乙）。

【要　點】

1.　身體左右轉動時要以腰為軸，身體仍須正直，後面所有轉體動作都必須這樣做。

2.　身、手、足等方面的動作都須柔緩，速度均勻。

3.　身、手、足等方面的動作在文字敘述中雖有先後，但必須同時開始和同時完成，要做到協調一致。所以《十三勢行功心解》中說：「切記一動無有不動，一靜無有不靜。」

4.　《十三勢行功心解》要求「邁步如貓行」。因此，凡步邁出都必須輕靈。例如，該式右腳向右邁出，應以坐實之左腿漸漸下蹲來控制著邁出的右腿向前徐徐伸邁，才不致笨重。這也是「分清虛實」在步法上的一種表現。

5.　凡弓步，弓腿之膝不可超出腳尖；蹬腿的腳掌和腳跟要全部著地，腿也不可蹬得挺直。凡弓步，以弓腿為實，蹬腿為虛；一般以弓腿負擔體重十分之七，蹬腿負擔十分之三。膝要與腳尖方向一致。

6.　右臂前掤須與肩平，不可偏高或偏低；掤出時肩關節不可前探；不可過於前掤，要以上體直立前移而右膝蓋不超出腳尖為度，同時身體不可前撲。

7.　重心前移時，腿、腹、胸、手須不先不後地一致前去，自然「上下相隨」，變動過程中也要保持「立身中正」。

圖 10

(二)　掤　式

動作一：重心漸漸移向左腿，身體同時漸漸左轉；同時左臂外旋，右臂內旋，使右掌心翻朝外下，左掌心翻朝裏上，兩掌隨翻隨向左掤 。（圖10）

動作二：身體繼續微左轉；重心繼續移向左腿，坐實左腿，成右虛步；兩臂稍沈肘隨轉體繼續左掤，左掌至左胸前，右掌至右胸前；在開始左掤時，眼神先關及右臂左掤，將要掤至盡處時，眼神稍關及左手，即漸漸轉向前（西）視。（圖11—12）

圖11　　　　　　　　圖12

【要　點】

1.　兩臂須隨腰左掤。左掤時兩掌不可向外豁開，但兩肱裏側也不可貼著肋部；沈肘起著護脅的

作用，但兩腋要留有約可容一拳的空隙。整套動作都應該這樣，避免把身體困住。

2.　左攦時身體仍須正直轉體，不可前俯後仰或搖晃；關鍵在於「上下相隨」、「不先不後」。如果，下肢後坐得快些就會前俯，慢些就會形成後仰。

3.　在攦的動作過程中，由於翻掌、沈肘和向後坐實左腿等，看來兩掌似乎稍有低下的現象。其實兩掌並不是有意識地向左「下」攦。這點在循著掤、攦、擠、按四式規定的定步推手中也是如此：其中「攦」式也同樣只向左（或右）攦，並沒有向下之處。所以，凡是向左（右）「下」攦或向「下」攦者，都是不正確的，因這與推手是不相符合的。

4.　攦時左臂鬆鬆掤住，攦的過程中，兩手要保持著與推手中攦式時同樣的距離，也就是要用一手搭在對方腕節，一手搭在對方近肘節的大臂處來引進，使攦化的距離相等，不可拉得太開，這叫做「上於兩膊相繫」。

㈢　擠　式

動作：身體微右轉；同時體重漸漸移向右腿，弓右腿，蹬左腿，成右弓步；隨著轉體，右臂外旋使右掌心翻朝裏，左臂內旋使左掌心翻朝外，右臂呈弧形橫於胸前，右肘稍低於右腕，左掌在右小臂裏側，以右小臂與左掌向右（西）擠出；左掌隨擠隨著貼近右脈門內側；眼向前平視，眼神要關及右臂。（圖13—14）

圖13　　　　　　　　圖14

【要　點】

1.　前擠時上身不可前俯或後仰；肩部不可聳起，須放鬆下沈；臀部不可凸出；肘部不可抬起，須稍低於腕。

2.　擠出後左掌與右脈門之間要似挨非挨。

㈣　按　式

動作一：右臂微內旋使掌心翻朝下，左掌經右掌上側交掌而過，隨即兩掌分開，距離稍狹於肩，兩掌心皆朝下，兩肘漸屈下沈，帶動兩掌略向下抹回；同時重心漸漸後移，坐實左腿；眼向前平視，眼神要關及兩掌抹回。（圖15—16）

動作二：兩掌向前按出，兩腕高與肩平；同時，弓右腿，蹬左腿，成右弓步；眼向前平視，眼神要關及兩掌前按。（圖17）

圖15　　　　　　圖16

【要　　點】

1.　重心漸漸後移時，右胯根（股骨頭關節）微向後抽，使身體正對前方，不致偏向左斜角。

2.　兩掌要隨胯後坐抹回，要鬆肩，兩肘不可外凸。

3.　兩掌須隨重心前移而向前按出，呈微微往上的弧形，但幅度不宜大；

圖17

兩臂與肩部不可緊張，不可聳肩，兩肘不可用力挺直，身體不可前俯或後仰。

4.　兩掌尚未按出時，左掌心斜朝右面前方，右掌心斜朝左面前方；兩掌按出時，掌心須隨按隨向前轉，但兩掌心不可轉至朝正前方；同時要求兩掌根下沈，拇指一側微往後翹。

　　5.　初學太極拳時，首先要把整套的所有動作和姿勢都做準確，然後在做每個動作的同時還要練習運勁。

　　太極拳的勁點是隨著動作的不斷變換而不斷轉移的，所以動作要「綿綿不斷」，「運勁如抽絲」。現以攬雀尾（圖4—17）中各動作為例，逐圖指出其勁點所在和主要部分，以便學者參考和細心體會。

　　勁點已如上述，這裏再談一下勁的來源。

　　勁的來源是「其根在腳，發於腿，主宰於腰，形於手指」（見《太極拳論》）。例如按式，從圖16過渡到圖17，兩腳支撐地面是其根。譬如要推動一輛載貨的手推車，必然要依靠兩腳支撐地面，如果兩腳淩空沒有支撐點，要推動車輛是不可設想的，因此說「其根在腳」（練拳時包括上步、退步或原地支撐）。右腿前弓，左腿後蹬是「發於腿」。譬如要向前推動手推車，除兩腳支撐地面外，必然還要借助於前腿前弓與後腿後蹬。

圖號	右手勁點	左手勁點	主要部分
4	在近腕部的尺骨一側	在小指一側的掌根處	在右手
5	移至尺骨頭處	移至橈骨頭處	移向左手
6	移到小指一側的掌根處	移至近腕部的橈骨一側	在左手
7	上抄時在食指和大拇指的一側	肘下沈時脛尺骨至小指一側的掌根處	移向右手
8	移至橈骨一側	移至掌根處	在右手
9	移至近腕部的橈骨一側	掌根處	在右手

10	移至小指一側腕部	移至食指和大拇指一側	在右手
11	移至近腕部的尺骨一側	移至近腕部的橈骨一側	在右手
12	移至小指一側的掌根處	移至食指和大拇指一側	在右手
13	移至小臂外側	移至小指一側掌根處	在兩手
14	移至近腕部小臂外側	移至掌根	在兩手
15	移至手指	移至手指	在兩手
16	移至小指一側的掌根處	移至小指一側的掌根處	在兩手
17	移至掌根	移至掌根	在兩手

當重心後坐轉為重心前移時，腰部微微向上，而後向下，向前繞一弧形，以引導著勁力和掌握著動作的方向向前（其他如轉體動作以腰向左右轉動來引導勁力和掌握動作的方向），這叫做「主宰於腰」，或「腰為車軸」。

通過脊部和背部的肌肉由緩緩收縮轉為漸漸伸展，將勁力漸漸旋轉遞經肩、肘而到達掌根向前按出，並且手指也有勁力到達的感覺，這叫做「力由脊發」而達到「形於手指」。

同時，勁的轉換也須這樣。例如由掤轉為攦式（圖9—11），也是通過由腳而腿而腰地將圖 9 的右手原在近腕部橈骨一側的勁點，移經小指一側腕部，到達近腕部的尺骨一側，將左手原在掌根的勁點，移經食指和大拇指的一側，到達近腕部的橈骨一側的。但，不可因此而現出由腳而腿而腰而脊背地先後挨次而動，顯出斷續；動作總須「節節貫串」、「完整一氣」，所以仍要「一動無有不動，一靜無有不靜」地協調一致（胸腹部分也必須在腰部的

帶動下相應地動著，決不是「含（了）胸」、鬆（了）胯」就丟開不管，讓他一直「含胸」、「鬆腰胯」地呆著不動）。

但是，這裏所指的勁點，並不是就在此處用力、使勁或緊張，而是仍然要求肌肉放鬆，動作緩慢、柔和，並仍須按照共同要點來做動作的。至於運勁，也是「先在心，後在身」，以意貫於這個部位，意到勁到，意之所注處就有所感覺。這也是「內外一致」的一種鍛鍊方法。

初學者如果沒有有經驗的教師當面給予指教，只要按照各要點準確地完成動作，日久之後由於動作的準確和熟練，這勁路也會自然產生，也會自然地「上下相隨」、「內外一致」，這樣也才不會產生流弊。由於每一動作都有一定的勁點移轉，如果逐一講解，勢必連篇累牘。因此，這裏僅舉一例以概其餘，後文中不再逐一指出。

6.　所謂「眼為心之苗」，是指從眼睛裏可以看出思想的活動來，正如戲曲、舞蹈中傳神的表演一樣。練習太極拳時，眼神是練好一套拳的重要部分。

試舉一例來分析一下眼神。例如，從左掤過渡到右掤（圖6—9）時：身體左轉，左肘向左後微下撤，眼神關及左小臂（圖7）；身體右轉，右臂將要掤出時，眼神移顧右小臂（圖8）；當右臂還未掤足時眼神已稍先於手到達意念中所要掤出的方向（在圖8與圖9之間）；當右臂前掤時，眼雖已向前平視，但眼神須關及右臂前掤。（圖9）

　　從這個動作來看，我們不難瞭解，在動作過程中眼神是要結合「左顧右盼」的。但左顧右盼並不是沒有原則地左右亂看，而是應該與身體轉動的方向一致。

　　其實，有許多轉體動作如果眼睛不轉（眼與臉的方向當然應該一致），腰也會扭不過來；即使像左攦式動作那樣轉體的幅度不大，但若是眼睛仍看著掤的方向，身體雖也能左轉，可是就彆扭得很；可見如果轉體幅度再大些，就更沒法轉體了。

　　另外，在「左顧右盼」時，仍不可忽略「虛靈頂勁」這個要求；不可為了要在左右移視時顯得靈活而產生搖頭晃腦的現象；也不可當手在上方或下方動作時產生仰頭俯首的現象，而應該是「頂頭懸」似地轉動和用眼神關顧，這樣才能顯得既靈活又有神。

　　當動作將要完成時，眼睛總是稍先於手到達完成動作時的方向，要有「以眼領手」的表現，亦即眼睛要成為「心」的代表，並要結合「先在心，後在身」（詳見前述）。

　　例如在日常生活中，心裏想去拿一件東西，眼睛也總是先看這件東西，然後手才跟著去拿，道理都是一樣的。所以，凡是動作向預定的方向去，眼神總須先去。

　　雖然眼神先到，但並不是就丟開手不管了，仍然要關顧著手的動作直到到達為止。這樣，才能將「手、眼、身、法、步」各方面的動作達到「一動無有不動，一靜無有不靜」地協調起來。

第四式 單 鞭

動作一：重心漸漸移於左腿，身體左轉；同時，右腳尖微翹，以腳跟為軸隨轉體腳尖儘量裏扣踏實，重心隨即移回於右腿；同時，兩肘微沈稍屈，兩掌心微下覆隨轉體向左抹轉半個平面橢圓形，兩掌高與肩平；眼神隨轉體向前平視轉移，稍先於左掌到達左方，但眼神須要顧及右手。（圖18─19）

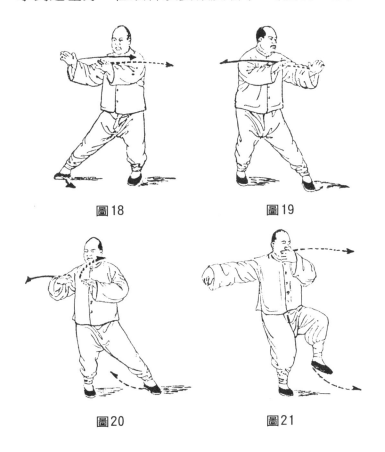

圖18   圖19

圖20   圖21

　　動作二：身體微右轉；兩掌隨轉體向裏經胸前向右弧形抹轉半個平面橢圓形，兩掌高與肩平；眼隨轉體平視轉移，眼神要關顧右掌。（圖20）

　　動作三：重心全部移於右腿，左腳向裏提起；同時身體右轉。隨重心右移時，右掌漸漸右伸，隨伸隨著五指尖下垂撮攏成吊手；身微左轉；左掌向左弧形上移，隨移隨著臂外旋使掌心漸漸轉朝裏。眼神關顧左掌左移。（圖21）

　　動作四：身體繼續向左微轉，左腳向左邁出，先以腳跟著地，隨著重心漸漸左移而至全腳踏實，弓左腿，蹬右腿，成左弓步。同時，右吊手繼續鬆肩右伸；左掌經面前（距臉部30公分左右）左移，隨移隨著臂內旋將掌心翻朝前，即向左微微推出。眼平視左移，稍先於左掌到達左方，但眼神要關及左掌左推。（圖22）

圖 22

　　【要　點】

　　1.　圖18、19、20中，兩掌前後抹轉一個平面橢圓形時須隨腰轉動，同時兩肘（肘尖須下沈）也須圓活地隨兩掌抹轉而屈伸。兩臂轉動時距離要相等，總須前手去，後手跟，「兩膊相繫」不散漫。當兩掌向裏抹轉經胸前時要含胸轉腰才能圓活。但含胸要注意不可凹胸，並要注意胸部不可平板，所以拳論說：「意氣須換得靈，乃有圓活之趣。」

2.　上身要正直，避免前俯、後仰或向左歪斜。

3.　要「沈肩墜肘」和鬆腰胯。

4.　定式時兩臂與腿（左臂與左腿、右臂與右腿）方向要一致，上下要垂直，避免右臂斜朝右前斜方；膝部不可超出腳尖。鼻尖、腳尖、手尖要三尖對齊。

5.　右吊手的腕關節要彎曲，使五指撮攏下垂，與右足尖成一垂直線。

第五式　提手上勢

動作一：左腳尖裏扣45度踏實，坐實左腿，身體漸漸左轉；右腳提起，落於左腳前一步，以腳跟著地，腳尖自然微翹，右膝微弓，成右虛步。在轉體時，右吊手仍變掌，與左掌分別自左右墜肘，並隨著向前合攏，右掌在前，高與眉齊，掌心朝左；左掌在後，高與胸齊，掌心朝右，正對右肘關節。眼神通過右掌向前平視。成提手式。（圖23、24）

圖23　　　　　　圖24

　　動作二：腰微左轉，左胯根（股骨頭關節）微內收，右腳提起；同時，左肘向左後撤，隨撤隨著臂內旋使掌心翻朝下；右掌也同時隨轉體自前而下向左前弧形移於左手下側，隨移隨著臂外旋使掌心翻朝上；眼神稍顧左肘後撤，即轉向前平視。（圖25、26）

　　動作三：右腳向前仍於原地落下，先以腳跟著地，腰漸左轉，右腳尖以腳跟為軸漸漸裏扣踏實，重心漸漸全部移於右腿，右腿屈膝下蹲坐實；在上步轉腰的同時，右臂向前擠出，隨擠隨帶肩靠，左掌附於右小臂裏側隨右臂前擠。眼先隨右臂前擠，即漸漸移視右掌。（圖27）

圖25　　　　　　　圖26　　　　　　　圖27

【要　點】

　　1.　由單鞭過渡到圖24的兩手動作是合勁，腳和手的動作要協調一致。

　　2.　做圖24的姿勢時，兩肩和腰胯要放鬆，臀部不可凸出，身體應保持正直，胸部不可正對前方

。腳跟虛點地面，腳尖微微抬起，不要翹得太高，右膝要微弓，不可挺直。要坐腕。重心應全部坐於左腿上。

3.　由圖24開始向圖27過渡時，由於左胯根內收，左腿要有繼續微微下蹲的現象。在擠的同時須有靠的意思，但不可聳肩；身要正直，不可前俯。

第六式　白鶴亮翅

動作：左腳稍提起，移至右腳前（東），以腳尖點地，左膝微弓；身體向左微轉。同時，右掌向前上提，隨提隨著臂內旋使掌心翻朝外；左掌也同時弧形下落於左胯旁。眼稍關及右掌上提，即向前平視，眼神要關及兩掌。（圖28）

【要　點】

1.　由提手上勢過渡到白鶴亮翅時要有朝上的氣勢，但右腿仍要下坐，要拔腰，這樣就有著上下對拉、身肢拔長的感覺，但要注意不可形成挺腹；頂勁上領，精神就提得起；沈氣落胯，下體就穩重；左腳尖要虛點地面，不可用來支撐身體。

圖 28

2.　成白鶴亮翅式時，兩臂要呈弧形，不可挺直；右掌雖在右額前上方，但不可抬肘、聳肩，要鬆肩沈肘、坐腕；身體仍須保持中正，不可前俯、

後仰，不可挺胸、凸臀。

第七式　左摟膝拗步

動作一：腰微右轉，右胯根微內收。隨轉腰，右肩下鬆，右肘下沈，自然地帶動右掌弧形下落（經右胯側），隨下落隨著臂外旋使掌心漸漸翻朝上；同時左掌也隨轉腰自左下向前而上（高與橫膈膜齊）弧形右移。眼隨轉腰向前平視，眼神要關及右掌。（圖29—30）

圖29　　　　　　　　圖30

動作二：左腳提起，上體繼續向右微轉；隨轉體，右掌弧形向右斜角上移，左掌繼續向右弧形落於腹前；眼稍關及右掌即移顧左掌。（圖31）

動作三：左腳向前落下，先以腳跟著地，隨著重心漸漸移向左腿而至全腳踏實，身體也同時漸漸左轉，弓左腿，蹬右腿，成左弓步。同時，左掌隨轉體向下經左膝前以半圓形摟至左胯旁；右掌也隨著體重前移和身體左轉繼續弧形向上經右耳旁向前

圖 31

（東）推出。眼關及左掌摟過膝部即向前平視，眼神並要關及右掌前推。（圖32—33）

【要　點】

1.　兩手必須隨腰的轉動而動作；腰部由右轉變為左轉時，切不可搖晃，因為一搖晃，上體勢必或側或傾或仰或俯，與「立身中正」

圖32　　　　　　　圖33

的要求不符。向前邁步時，上體也仍要正直，避免前俯、後仰。在邁步過程中，因為只有下蹲的一腿作支撐，所以往往會為了照顧身體的平衡而把臀部凸出，這就不符合「斂臀」和「尾閭正中」的要求了，這點必須注意。定式時兩手應該同時到齊，不要一隻手已停著，另一隻手還在運轉。

2.　由圖30過渡到圖31時，右掌自下向右上移要與左腳提起一致；體左轉、變弓步與右掌推出要一致。整個摟膝拗步動作要做得協調、圓滿、柔和，不可有滯頓或棱角的現象。

3.　右肩往下鬆沈時，不可形成右肩低左肩高的現象。整套動作中雙肩須平齊。

4.　凡摟膝拗步中摟膝的一臂要呈弧形，避免伸直；推出的右掌，要微微旋轉而推出，但到定式時，掌心不可正對前方，須稍朝左斜；兩掌要坐腕。

第八式　手揮琵琶

動作：重心漸漸全部移於左腿（如前所述，弓腿的一足負擔重心約百分之七十，要完全落實），右腳稍提起，向前距原地一腳許落下，重心漸漸全部移於右腿，身體漸漸右轉；右腳稍提起，向前也距原地一腳許落下，以腳跟著地，腳尖微抬，膝微弓，成左虛步。

同時，左掌隨轉體向前弧形上舉，隨舉隨著臂稍外旋使掌心朝右，食指高與眉齊；右掌也同時隨轉體向下後撤，臂稍外旋使掌心朝左，收於左肘裏側，兩掌心前後遙對，如抱琵琶狀。眼通過左掌向前平視。（圖34—35）

【要　點】

1.　由摟膝拗步變為手揮琵琶時，重心前移和後坐都要求上體正直，不可前俯或後仰。

2.　右掌後撤收回時，要以腰為軸，要鬆肩、

圖34　　　　　　　　圖35

墜肘、沈腕這樣節節貫串地收回；要以身領手，不可先將右掌撤回而不顧肩肘部分。

3.　左掌上舉要帶弧形，右臂也不可挺直。

4.　做手揮琵琶動作時要有下沈的氣勢，但精神仍要具有輕靈活潑的意思。

5.　同前提手上勢要點2，惟左右式相反。

第九式　左右攬膝拗步

㈠　左攬膝拗步

動作一：腰微右轉，右胯根微內收。隨轉腰，右肩下鬆，右肘下沈，自然地帶動右掌弧形下落經右胯側，隨下落隨著臂外旋使掌心漸漸翻朝上；同時左掌也隨轉腰自前弧形向右下移，隨移隨著臂內旋使掌心翻朝下。眼隨轉腰向前平視轉移，眼神要關及右掌。（圖36）

圖36　　　　　　　圖37

　　動作二、三：同前左摟膝拗步動作二、三。（接圖31—32再接37）

　　【要點】　　同前左摟膝拗步。

　　㈡　右摟膝拗步

　　動作一：左腳以腳跟為軸，腳尖外撇45度，身體漸漸左轉。隨轉體，左掌漸漸弧形向左後移，隨移隨著臂外旋使掌心翻朝上；同時右掌也隨轉體自前弧形向左下移，隨移隨著臂內旋使掌心翻朝下。眼隨轉體向前平視轉移，眼神要顧及左掌。（圖38）

　　動作二：重心漸漸全部移於左腿，右腳向前提起，身體繼續微左轉；隨轉體，左掌弧形向左斜角上移，右掌繼續向左弧形落於腹前；眼神稍關左掌即移顧右掌。（圖39）

圖38　　　　　　　　　　　圖39

動作三：右腳向前落下，先以腳跟著地，隨著
重心漸漸移向右腿而至全腳踏實，身體也同時漸漸
右轉，弓右腿，蹬左腿，成右弓步。同時，右掌隨
轉體向下經右膝前以半圓形摟至右胯旁；左掌也隨
著重心前移和身體左轉繼續弧形向上經左耳旁向前
（東）推出。眼一關及右掌摟過膝部，即向前平視
，眼神並要關及左掌前推。（圖40—41）

圖40　　　　　　　　　　　圖41

【要點】　　與左摟膝拗步同，惟左右式相反。

㈢　左摟膝拗步

動作與前右摟膝拗步相同，惟左右式相反。（圖42接31—33）

圖 42

【要　　點】

1.　同前摟膝拗步要點。

2.　練習該拳套時，其步型中弓步、虛步的兩腳不可站在一條橫線上，如 ⬭_____⬭_____ 狀，這樣容易產生重心不穩和彆扭的現象；必須後一腳與前一腳

彼此稍微離開橫線，左弓步須如 _____⬭_____⬭_____ 狀，右虛步須如 _____⬭_____⬭_____ 狀。所以每當上步或

退步時就應注意落步的地點要稍開一些，才顯得平穩。「向前退後乃能得機得勢」（引自《太極拳論》）這句話，也包括步型與步法的正確性在內。

第十式　手揮琵琶

動作和要點皆與第八式「手揮琵琶」相同。（圖34—35）

第十一式　左摟膝拗步

　　動作和要點皆與第九式「左右摟膝拗步」中(一)左摟膝拗步相同。（圖36接圖31—32再接圖43）

第十二式　進步搬攔捶

圖43

　　動作一： 左腳尖外撇45度，身體漸漸左轉，隨即重心漸漸向前移於左腿，右腳跟離地（開始上步）。隨轉體，右掌弧形向左下（低與胯齊）移，隨移隨變拳並隨著臂內旋使拳心朝下；左掌也隨轉體向左後移。眼神關及右手下

圖44

圖45

移，但不可低頭。

　　動作二：重心漸漸全部移於左腿，右腳向前提起。同時，右拳自右前向左下繞；左掌向左而上畫弧，高不超過耳部，隨畫弧隨著臂內旋使掌心翻朝右面下方。眼稍關右拳向左下繞，即漸漸轉向右平視。（圖45，反面參看圖99）

　　動作三：右腳向右前（東南）斜方邁出一步，先以腳跟著地，隨即腳尖外撇踏實，重心漸漸全部移於右腿，左腳提起；身體同時漸漸右轉。隨轉體，右拳自左而上經胸前向前搬出，隨搬隨著臂外旋使拳心漸漸翻朝裏面上方，隨即漸漸向下弧形抽回；左掌也同時隨轉體弧形向右經右臂裏側前攔，掌心朝右。眼神關顧左掌前攔。（圖46—47，反面參看圖100—101）

圖46　　　　　　　　圖47

　　動作四：左腳前上一步，先以腳跟著地；同時身體繼續右轉；隨轉體，左掌繼續向前探出，右拳弧形收回於腰際，拳心朝上；眼向前平視，眼神要

關及左掌前探。（圖48，反面參看圖102）

動作五：隨即重心漸漸移於左腿，左腳漸漸全腳踏實，弓左腿，蹬右腿，成左弓步；同時身體漸漸左轉。隨轉體，右拳向前打出，虎口漸漸轉朝上；左掌微裏收，坐腕，指尖斜向上前，附於右小臂裏側。眼向前平視，眼神要關及右拳打出。（圖49，反面參看圖103）

圖48　　　　　　　　圖49

【要　　點】

1.　在連續進步時，要求「邁步如貓行」，並要求速度均勻，上下相隨；上身要正直，不可歪斜和仰俯；右腳前上一步時要比一般步型更開得闊一些，並要避免上體隨右腳上步而向右傾斜。

2.　步法和手法要隨腰轉動；右拳搬出時不可離身體太遠，並注意不可抬肘；右拳打出時要隨腰轉動，並隨打隨著臂微內旋，使虎口轉朝上；右拳打出時中間經由心口向前打出，這叫做「拳從心發」。

3. 練該拳套時，拳要自然握實，不可用力握緊。

第十三式　如封似閉

動作一：右腿彎屈，重心漸漸向後移到右腿。同時，左掌經右肘下向右外伸，並沿右臂向前掠出，隨掠隨著臂外旋使掌心翻朝裏；右拳變掌，沈肘向裏弧形抽回，隨撤隨著臂外旋使掌心也翻朝裏，兩掌高與肩平，指尖朝上，兩臂交叉，右臂在裏。眼神關顧兩掌。（圖50—51）

圖50　　　　　　　　　圖51

動作二：重心繼續後移，坐實右腿；兩掌向左右分開，稍狹於肩，隨分隨著兩臂內旋漸漸使兩掌心翻相對。（圖52）

動作三：重心漸漸前移，弓左腿，蹬右腿，成左弓步；同時兩掌向前按出，隨按隨著兩臂繼續內旋使掌心翻至斜朝前，手腕高與肩平；眼向前平視，眼神要關及兩掌前按。（圖53）

圖52　　　　　　　圖53

【要　　點】

1.　兩臂須隨身體後坐回收；兩臂交叉時要避免兩肩縮攏或聳起；要鬆肩墜肘，兩肘略分開，腋下須留有餘地，約可容一拳，但肘部不可外凸或抬起；同時兩肘不可後撤到身體後方，以免把自己困住。

2.　重心後移要坐實右腿，鬆腰胯，不要做成重心沒有後移，單是仰身；後坐仍要保持上體正直。重心前移和後退時，要注意胸、腹的齊進齊退，不先不後，身法就能保持中正，不致形成前俯後仰。

3.　同前攬雀尾中按式要點1、2。

第十四式　十字手

動作一：左腳尖裏扣，同時身體右轉；隨轉體，兩肘彎屈分開，帶動兩掌移至額前（距額部約本

圖 54

人兩拳左右）；隨移隨著兩臂微內旋使掌心朝前，兩臂呈環形；眼隨轉體通過兩掌之間向前平視。（圖54）

動作二：重心全部移於左腿，右腳腳跟先離地，漸至全腳提起左移（與肩同寬），以腳尖先著地漸漸全腳踏實；隨即重心右移，兩腿漸漸起立，兩膝微屈，成開立步；隨著重心左移，兩掌分別自左右而下經腹前向上畫弧合抱交叉於鎖骨前，右掌在外，交叉點距鎖骨約本人兩拳半；兩掌經腹前時，即隨畫弧隨著兩臂外旋使掌心漸漸翻朝裏；眼先關及兩掌畫弧，當兩掌將要交叉時即向前平視。（圖55—56）

圖55

圖56

【要　點】

1.　當左腳尖裏扣漸至踏實時，右腳跟即漸漸離地提起，須像翹翹板一樣此伏彼起。這也是步法中分清虛實的鍛鍊方法的一種。當右腳一踏實，就接做下一動，即左腳尖裏扣。

2.　整個十字手的動作，要上下相隨，要同時開始動作，同時完成，務求協調一致。

3.　十字手的兩臂須呈環形，須鬆肩沈肘，不可聳肩抬肘。

4.　兩腿起立時，身體各部都須放鬆。

第十五式　抱虎歸山

(一)　右摟膝拗步

動作一：左腳尖裏扣踏實，兩腿漸漸屈膝下蹲，隨著重心移於左腿，右腳漸漸提起（腳跟先離地）；同時身體右轉。隨轉體，左掌自胸前下抽，向左弧形舉至與左肩齊平，掌心朝上；右肘下沈自然

圖57　　　　　　圖58

帶動右掌下移，隨移隨著臂內旋使掌心翻朝下。眼
先關及左掌左舉，即轉向右平視。（圖57—58）

　　動作二：右腳向右前（西北）斜方邁出，先以
腳跟著地，隨著重心漸漸移於右腿而至全腳踏實，
弓右腿，蹬左腿，成右弓步；身體繼續右轉；隨轉
體，右掌繼續向下經膝前摟至右胯旁，左掌自左而
上經左耳旁隨轉體向前推出；眼稍關右掌摟膝即向
前平視，眼神並要關及左掌前推。（圖59—60）

圖59　　　　　　　　　　圖60

　　【要點】　　同前摟膝拗步。

　　㈡　擺　式

　　動作一：重心漸漸移向左腿，身體漸漸左轉。
同時，左肘下沈，左臂外旋使掌心翻朝裏上；右掌
自右胯旁弧形向前經左臂裏側舉於左掌前，掌心朝
外下。（圖61）

　　動作二：與前第三式「攬雀尾」㈡擺式動作二
相同，惟方向不同，前攬雀尾的弓步、虛步是朝著
正西方，此動作以及後面擠、按各動作是朝西北斜

圖61　　　　　　　　　　圖62

方進行的。（圖62）

【要點】　　與第三式「攬雀尾」㈡摭式要點
相同。

㈢　擠式、按式

動作和要點皆與第三式「攬雀尾」㈢擠式和㈣
按式相同，惟方向不同。（圖63—67）

圖63　　　　　　　　　　圖64

圖65　　　　　　　　圖66

第十六式　肘底看捶

動作一、二同第四式「單鞭」動作一、二（圖18—20），惟方向正斜不同。（圖68—70）

動作三：重心全部移於右腿，身體微左轉，左腳提起向左後（正東）方擺出。隨轉體，左掌向左弧形平移，隨移隨著臂外旋使掌心翻朝裏；右掌也緊跟著向

圖67

左弧形平移，隨移隨著臂外旋使掌心翻朝前；兩肘稍沈、微屈，使兩掌心遙對。眼神關及左掌左移。（圖71）

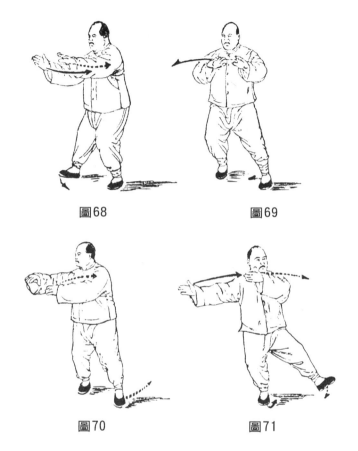

圖68　　　　　　　　　　圖69

圖70　　　　　　　　　　圖71

　　動作四：左腳向左（東）落下，重心漸漸全部
移於左腿，身體繼續左轉；右腳提起，向前微移落
下，重心即漸漸移於右腿；隨轉體，兩掌弧形向左
平移，左掌移至左側時即弧形向左下移，兩臂隨移
隨著內旋使兩掌心翻朝下；眼神先關及左掌左移，
當右掌將移至胸前時即顧右掌。（圖72─73）

　　動作五：重心全部移於右腿，左腳略提，稍移

向左前落下，以腳跟著地，身體繼續向左微轉。隨
轉體，左掌自左而下向裏經右前臂內側向前上圓轉
穿出，掌心朝右，食指高與眉齊，與鼻尖對準；右
掌向左經左掌外側下蓋，隨蓋隨著握拳，置於左肘
下，拳眼朝上，拳心朝裏。眼稍關左掌向左下繞，
當左掌經右臂裏側將要穿出時，即向前平視，眼神
仍要關及左掌穿出。（圖74）

圖72　　　　圖73　　　　圖74

【要　點】

1.　自抱虎歸山過渡到肘底看捶的動作須根據
「一動無有不動，一靜無有不靜」和「綿綿不斷」
的要求進行，勿使有棱角和停頓處，要做得圓滿、
協調。步法和手法均須隨腰轉動。兩腳不要雙重，
要此起彼落，像翹翹板一樣。

2.　當兩掌向左平移時，要注意勿使右掌蕩下
，在平移過程中右掌須坐腕；平移時左手去、右手
跟，距離要均等。

　3.　做圖74的姿勢時，左膝要自然微弓；注意兩肩不要上聳，鬆腰胯；兩臂須呈弧形，不可挺直；胸部不要正對前方，要側朝右前斜方；左掌要坐腕。

第十七式　左右倒攆猴

㈠　右倒攆猴

　動作一：身體右轉，右胯根內收，左腳尖仍稍離地。同時，左掌向前微伸；右拳變掌自左肘下經腹前向右下弧形抽至右胯旁，隨抽隨著臂外旋使掌心漸漸翻朝上。眼關左掌前伸。（圖75）

　動作二：重心漸漸全部移於右腿，左腳經右踝內側提起；身體繼續向右微轉；同時，右掌向後稍偏右弧形舉至與肩齊，左臂外旋使掌心漸漸翻朝上；眼神關顧右掌後舉。（圖76）

　動作三：左腳後退一步，先以腳尖著地，隨著重心漸漸移於左腿而至全腳踏實（腳尖朝東北）；

圖75　　　　　　　　圖76

圖77　　　　　　　　圖78

身體漸漸左轉；右腳尖隨即移向前方（東）；隨轉
體，左掌弧形向後抽回於左胯旁，右掌弧形向上經
右耳側向前推出；眼隨轉體向前平視轉移，眼神要
關及右掌前推。（圖77—78）

㈢　左倒攆猴

動作與前右倒攆猴動作二、三同，惟左右式相
反。（圖79—81）

圖79　　　　　　　　圖80

圖81　　　　　　　　　圖82

(三)　右倒攆猴

動作與前右倒攆猴動作二、三相同。（接圖76
─77再接圖82）

【要　點】

1.　在連續退步時要注意，兩腳不要踏在一條
線上，要稍離開些。當一腿提起準備退步時，另一
支撐腿不可起立，須仍保持虛步時的高度；注意上
體不要前俯。

2.　當一掌後抽時，須經胯旁，初學者往往做
成經肋旁，那樣手臂就成直角而不成弧形，就顯得
不寬舒和彆扭。

3.　按上述倒攆猴動作是三個，即退三步。為
了加大運動量也可以做五或七個（必須逢單數才能
銜接下一拳式），但是，如果倒攆猴五或七個，後
面的「雲手」也必須相應地增加為五或七個，否則
收勢時就會收不回原地。

第十八式　斜飛式

動作一：重心漸漸全部移于左腿，右腳向後提回。同時，左掌自左而上向右畫弧，屈臂置於左胸前，掌心朝下，手與肩平，臂呈弧形，肘部微墜；右掌自前而下經腹前向左畫弧，掌心朝上，與左掌相對合抱。眼神關顧左掌畫弧。（圖83）

圖83　　　　　　圖84

動作二：身體右轉；同時右腳向右後（南稍偏西）方邁出一步，先以腳跟著地，隨著重心漸漸移向右腿而至全腳踏實，弓右腿，蹬左腿，成右弓步。隨轉體，右掌以大拇指一側向右後上方挒出，高與額齊；左掌向左弧形下採，高與胯齊，掌心朝下。左腳尖隨右手挒出向裏扣。眼隨轉體平視轉移，眼神要關及右掌挒出。（圖84—85，附圖85的側面圖）

【要　點】

1.　右腳向右後方邁步時，身體平衡較難掌握

圖85　　　　　　　圖85 側面圖

，往往右腳落地時顯得笨重；須坐實左腿，鬆腰胯
，先轉腰，隨轉腰向右後漸漸邁出，才會顯得輕靈
，同時可避免上體前俯。

　　2.　左臂在兩掌合抱時須含有掤意，右掌向右
後上方捌出時，勁要起於腳，發於腿，主宰於腰，
通於脊背，由肩到肘，由肘到手，節節貫串地捌出
，身、手、步協調，說到一齊俱到，不先不後；不
要單以手捌出，丟開其他部分不管，就達不到「上
下相隨」和勁路上的要求。捌出時右臂要微屈。

　　3.　由於右腳邁步較難掌握，所以還要注意速
度上的均勻，避免產生停頓的現象。

第十九式　提手上勢

　　動作一：重心全部移於右腿，左腳稍提起，向
前距原地一腳許落下，重心漸漸全部移於左腿；身
體微左轉；右腳稍提起，也向前距原地一腳許落下
，以腳跟著地，腳尖微抬，膝微弓，成右虛步。同

時，左掌弧形向前上移，右掌沈肘微裏收，與左掌
向胸前合攏，右掌在前高與眉齊，掌心朝左；左掌
高與胸齊，掌心朝右，正對右肘關節。眼通過右掌
向前平視。（圖86—87）

圖86　　　　　　　　圖87

　　動作二、三與前第五式「提手上勢」動作二、
三相同。（接圖25—27）

　　【要　點】

　　1.　由斜飛式過渡到圖87的動作，腰部以及上
下肢動作要同時開始，同時完成。

　　2.　與前第五式「提手上勢」要點同。

第二十式　白鶴亮翅

　　動作和要點皆與第六式「白鶴亮翅」相同。（
參見圖28）

第二十一式　左摟膝拗步

　　動作和要點皆與第七式「左摟膝拗步」相同。

（參見圖29—33）

第二十二式　海底針

動作一：重心漸漸全部移於左腿，右腳提起，
向前距原地一腳許落下；重心漸漸全部移於右腿，
左腳提起。當重心前移於左腿時，右臂外旋使掌心
轉朝左，左掌隨重心前移向前上微蕩；隨重心後移

圖88

圖89

圖90

和身右轉，屈右肘，右
腕向裏提回，左掌也同
時沈腕。眼神關顧右腕
提回。（圖88—89）

　動作二：左腳略裏
收落下，以腳尖點地，
成左虛步；腰向左轉，
坐實右腿，左胯根內收
，折腰下沈；同時，右
掌隨轉腰向前下插，左

掌弧形下落於左胯旁；眼前視，眼視要關顧右掌下插。（圖90）

【要　點】

1.　左腳提起，略裏收落下時，右腿要漸漸下蹲，左腳尖漸漸落下虛點地面，重心須全部由右腿支撐。

2.　右腕向裏提回時要防止聳肩抬肘。

3.　做海底針時，左掌似乎沒有很明顯的動作，因此初學者往往把左掌的動作忽略掉，其實左掌必須隨重心前移、後坐和轉腰進行動作，否則就不符合「一動無有不動」的要求。另外，兩臂不可伸直，須微屈。

4.　右掌向前下插要隨右腿下蹲和折腰而動作，並要以肩催肘、肘催手，節節貫串地下插。

5.　折腰時，自頸椎至腰脊要保持成一直線，不可低頭、弓背。眼視右掌前方，但不可把頭抬起。要注意頂勁和沈氣，上下一氣貫通。

第二十三式　扇通背

動作一：身體右轉並直起，左腳提回。同時，右掌由體前上提，隨提隨著臂內旋使掌心翻朝右；左掌自左胯旁向胸前上提，掌心朝右，手指朝上。眼神關顧右掌上提。（圖91）

動作二：左腳向前邁出一步，先以腳跟著地，隨著重心移向左腿漸至全腳踏實，弓左腿，蹬右腿，成左弓步。同時，右臂繼續微內旋、屈肘，右掌弧形上托，置於右額前，掌心朝外；左掌沿右臂向

圖91　　　　　　　　　　圖92

前平推。眼向左平視，眼神要關及左掌前推。（圖92
）

【要　點】

1.　左腳前邁時右腿要坐實，不可站起，落步
時不可太快，速度要均勻，並防止身體搖晃和前俯
後仰。

2.　變左弓步、左掌前推與右掌上托三動作要
一致。

3.　右掌上托要防止聳肩抬肘；左掌推出時，
掌心不可正對前方，並要坐腕。

4.　做扇通背的動作時往往容易挺胸、直臂，
這就會不符合「勁以曲蓄而有餘」的要求，同時也
不符合「含胸拔背」的要求。所謂「勁以曲蓄而有
餘」，就是要使動作還有伸展的餘地，因此做太極
拳的任何動作時，手臂與兩腿都不可伸直或挺直。
弧形要求圓滿，處處要有能「八面支撐」的意思。

第二十四式　撇身捶

動作一：左腳尖裏扣踏實，身體同時微右轉。隨轉體，右掌自右前而下（握拳）畫弧置於肋前，屈肘橫臂，拳心朝下；左掌弧形上舉於左額前上方。眼神稍關右手畫弧，即隨轉體平視轉移。（圖93）

動作二：重心全部移於左腿，右腳提起，身體繼續右轉；同時，左掌隨轉體向右而下經右小臂外側弧形落下，右拳向右前撇；眼隨轉體平視轉移，眼神要關及兩手動作。（圖94）

圖93　　　　　圖94

動作三：右腳向前（稍偏右）落下，先以腳跟著地，隨著重心移向右腿漸至全腳踏實，弓右腿，蹬左腿，左腳尖微裏扣，成右弓步；身體繼續右轉。同時，右拳繼續隨轉體向前弧形下撇，收於腰側，拳心朝上；左掌弧形收至胸前經右小臂裏側上方向前推出。眼向前平視，眼神要關及左掌前推。（

圖95─96，撇身捶整個過程圖的反面可參看圖143
─147，彼此動作完全相同）

【要　點】

　1.　手法和步法要隨腰轉動，並要協調一致。

　2.　右腳落步時不要與左腳踏在一條線上，並
注意右腳尖要正對前方，不要外撇。

　3.　圖93的姿勢在動作過程中要清楚、正確地
顯示出來，不要胡亂地畫過去，但也不可因此停頓
。

圖95　　　　　　　　　　　圖96

第二十五式　　進步搬攔捶

　動作一：重心漸漸移向左腿，身體左轉。同時
，左肘隨轉體下沈，左臂外旋使掌心漸漸翻朝上；
右拳臂內旋向前上伸於左掌上側，拳心朝下。眼神
關顧右拳前伸。（圖97）

　動作二：重心繼續移向左腿，身體繼續左轉，
兩手隨轉體向左移。（圖98）

　　動作三：重心漸漸全部移于左腿，右腳提回。
同時，右拳自右前方向下經腹前向左繞，隨向左緩
緩畫繞，拳心轉朝下；左掌向左而上（高不超過耳
部）畫弧，隨畫隨著臂內旋使掌心翻朝右面下方。
眼稍關顧兩手畫繞，即漸漸轉向右平視。（圖99）

圖97　　　　　圖98　　　　　圖99

　　動作四、五、六與第十二式「進步搬攔捶」動
作三、四、五相同，惟方向不同：該式為向西進步
，前面的進步搬攔捶為向東進步。（圖100—103，
反面同圖46—49。整個進步搬攔捶的過程圖，反面
還可參看圖148—154）

　　【要　點】

　　1.　此式與前面的進步搬攔捶各在其承上的銜
接動作上不同，前面的「進步搬攔捶」是上承左摟
膝拗步，而該式是從撇身捶過渡而來，前式圖45—
49與該式圖99—103同。

　　2.　與前進步搬攔捶要點相同。

圖100

圖101

圖102

圖103

第二十六式　上步攬雀尾

動作一：左腳尖外撇踏實，重心漸漸全部移於左腿，右腿向前提起；身體左轉。隨轉體，左肘向左後撤下沈，自然帶動左掌下移於左胸前；右拳變掌自前而下向左弧形抄至腹前，隨抄隨著臂外旋使掌心翻朝左面上方，與左手成抱球狀；兩臂皆呈弧

形。眼略顧左小臂，即轉向右臂前方平視。（圖104
接圖7）

　　以下掤、攦、擠、按的動作與第三式「攬雀尾
」──即自㈠左右掤式動作四起，至㈣按式止──
相同。（圖8─17）

　　【要點】　　與第三式「攬雀尾」同。

圖104　　　　　　　　　圖105

第二十七式　單　鞭

　　動作和要點均與第四式「單鞭」同。（圖18─21
接圖105）

第二十八式　雲　手

　　動作一：左腳尖裏扣踏實，身微右轉。同時，
右吊手變掌自右而下畫弧；左掌隨轉體稍向前下移
，屈臂沈肘，手與肩平，掌心朝下。眼神關及右掌
下移。（圖106─107）

　　動作二：重心漸漸全部移於左腿，右腳向左提

圖106   圖107

起（腳跟先離地）；身微左轉。右掌隨轉體自右下
向左弧形運轉，掌心朝裏；左掌也同時向左上弧形
運出，隨運隨著臂內旋使掌心漸漸翻朝下；此時右
掌也運至近左腕。眼隨轉體平視轉移，眼神要關及
右掌左運。（圖108）

　　動作三：右腳向左半步落下，先以腳尖著地，
隨著重心漸漸右移而至全腳踏實；身體同時微右轉
。右掌隨轉體自左而上（高處與眉齊）向右運轉，
掌心仍朝裏；左掌也同時自左而下向右運，隨運隨
著臂微外旋使掌心漸漸轉朝裏（稍斜朝上）。眼神
隨轉體關顧右掌右運。（圖109）

　　動作四：重心漸漸全部移於右腿，左腳提起（
腳跟先離地）；身體繼續微右轉。同時，右掌隨轉
體向右弧形下運，隨運隨著臂內旋使掌心漸漸翻朝
下；左掌繼續向右上運，向右接近右腕。眼神關及
右掌右運。（圖110）

　　動作五：左腳向左橫跨半步，先以腳尖著地，

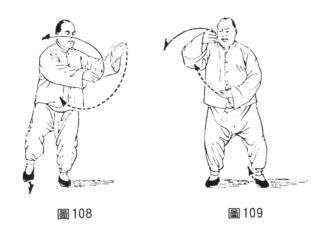

圖108　　　　　　　　圖109

隨著重心漸漸左移而至全腳踏實；身體同時左轉。
左掌隨轉體繼續自右而上經面前（高與眉齊）向左
運；右掌繼續自左而下弧形左運，隨運隨著臂微外
旋使掌心漸漸轉朝裏（稍斜朝上）。眼隨轉體平視
轉移，眼神要關及左掌左運。（圖111）

圖110　　　　　　　　圖111

　　動作六：重心漸漸全部移於左腿，右腳向左提
起（腳跟先離地）；同時身微左轉。右掌隨轉體繼

續自下向左弧形向上運；左掌繼續自上而左弧形向下運，隨運隨著臂內旋使掌心漸漸翻朝下。眼神關顧左掌左運。（接圖108）

　　動作七、八、九、十是重複動作，與動作三、四、五、六同。（圖109—111再接108）

　　動作十一、十二、十三、十四仍是重複動作，與動作三、四、五、六同。（圖109—111再接108）

　　動作十五同動作三。（接圖112）

【要　點】

圖 112

1.　雲手時，身體轉動要以腰脊為軸，要徐徐轉動，不可胡亂擺動，上體不可傾斜，要保持「立身中正」。

2.　兩臂要隨腰運轉，要自然、圓活。經下面向左或右向上運時要含有上抄之意；運轉到上面的左或右肘不可抬起，小臂要鬆鬆掤住而運轉。兩臂一上一下，一左一右，更迭運轉：左手為主時，右手相隨；右手為主時，左手相隨；不散漫、不僵滯。

3.　腳提起時要腳跟先離地，踏下時要以腳尖先著地；當踏下的腳跟一經踏實，另一腳的腳跟即離地，要此伏彼起，像翹翹板一樣。

4.　自動作三到六為一個雲手，後面又有兩個是重複動作，共為三個雲手。在上述倒攆猴的要點

中已經提到，如果場地寬闊而要加大運動量，將倒攆猴重複為五或七個，則雲手也要從三個增為五或七個，然後再接著做動作十五，由動作十五（圖112）再接下一拳式「單鞭」。

第二十九式　　單　　鞭

動作一：重心漸漸全部移於右腿，左腳提起（腳跟先離地）；身體繼續微右轉。

同時，右掌隨轉體向右弧形下運，隨運隨著臂內旋使掌心漸漸翻朝下，並隨著五指下垂撮攏成吊手；左掌繼續經右上（向右接近右腕）左運，隨運隨著臂外旋使掌心翻朝裏。眼稍關右掌右運，即移顧左掌。（圖113—114）

動作二與第四式「單鞭」動作四相同。（圖115）

【要點】　與第四式「單鞭」相同。

圖113

圖114

第三十式 高探馬

動作一：重心漸漸移於右腿，左腳尖隨重心後移自然離地。同時，右吊手變掌，屈右肘，弧形移至右肩前；左臂外旋使掌心漸漸翻轉為斜朝上。眼神關顧左掌翻轉（圖116）。

圖115　　　　　　　圖116

動作二：重心全部移於右腿，左腳提回，向裏半步落下，以腳尖點地，右腿同時漸漸起立（膝部仍微屈），成高式左虛步；身體隨著漸漸左轉。隨轉體，右掌稍向左經左臂上側弧形前探，手指斜朝左面前方，掌心朝下，高與眉齊；左掌經右臂下側向下弧形收於左腰前，手指斜朝右面前方，掌心朝上。眼向前平視，眼神要關及右掌前探。（圖117—118）

【要　點】

1. 當重心移向右腿時（圖116），要坐實右腿，要以左胯根漸漸裏收來帶動左腳提起，同時上體

圖117　　　　　　　　圖118

不可後仰；當左腳一經離地收回，右腿即漸漸起立，頂勁要具有沖霄之意，沈氣於小腹，有上下對拉，拔長身肢之意。

2.　兩臂要呈弧形。右掌前探時不可聳肩。要拔腰，但不可挺胸或弓背。右臂不可挺直；手指不可朝前，朝前就會失掉坐腕的意思。

第三十一式　左右分腳

㈠　右分腳

動作一：重心漸漸全部移於右腿，右腿漸漸下蹲，左腳提起；身體隨著微右轉；同時，右掌隨轉體向右弧形往裏抹轉，左掌向左弧形前抹；眼神關顧右掌右抹。（圖119）

動作二：左腳向左前（東北）斜方邁步，先以腳跟著地，隨著體重漸漸移向左腿，弓左腿，蹬右腿，成左弓步；身體繼續微右轉。同時，左掌自左而前向右經右臂下側向裏抹轉大半個平圓，左臂橫

圖119　　　　　　　　圖120

屈成弧形，左掌橫置於右胸前、右肘旁，掌心斜朝裏上；右掌自右而裏向左經左臂上側向前抹大半個平圓，即向右前（東南）斜方探出，掌心斜朝左前，指尖斜朝上。眼神關顧右掌抹轉探出。（圖120—121）

　　動作三：重心漸漸全部移於左腿，右腳向前提起；身體隨著微左轉。同時，左掌微向前方上移；右掌自右而下弧形抄至左掌外側，隨抄隨著臂外旋使掌心翻朝裏；兩手交叉，左掌在裏。眼神關顧兩掌交叉。（圖122）

　　動作四：左腿漸漸起立（膝仍微屈），右腳向右前（東南）斜方分出，腳面自然繃平，高與胯平；同時，兩掌向左右分開，掌心皆轉朝外，指尖朝上。眼神關顧右掌分出，並通過右掌向右平視。（圖123—124。附圖124的側面圖，係按楊澄甫原照所繪，由於該圖當時沒有攝成斜角，而攝成側面，今仍將該圖列入，一方面可給讀者看到楊氏原來姿

圖121　　　　　　　　圖122

圖123　　　　圖124　　　圖124的側面

勢，另一方面也可作側面圖參考。後面還有幾幅圖
也因類似原因作為附圖，後文不再說明）。

【要　點】

1.　兩掌各抹轉一個平圓時，臂要呈弧形，肘
部稍沈，抹轉平圓要均勻。右臂在抹轉後探出時也
不可挺直。

　　2.　兩掌合抱交叉後仍須隨左腿起立而柔和地
向上向外微移，才顯得輕靈、沈著。如果左腿起立
時兩掌交叉著不動，就會產生呆滯現象。合抱時兩
掌腕部不可鬆懈地彎屈。

　　3.　兩手分開要和右分腳一致。同時兩臂也不
可伸直，要微屈肘使前臂稍向身前方彎屈；肘部也
須略沈，低於腕部，並要坐腕。

　　4.　分腳時身體要穩定，不可俯、仰、傾、側
；兩肩不可為了保持身體平衡而緊張，仍須鬆肩。
只有「虛靈頂勁」和「氣沈丹田」才會使身體易於
保持平衡。

　　㈡　左分腳

　　動作一：右腳下落，左腿漸漸下蹲，身微右轉
。同時，左掌屈肘右抹，隨抹隨著臂內旋使掌心漸
漸翻朝下；右掌自右向前抹，隨抹隨著臂外旋使掌
心漸漸翻朝上。（圖125）

圖125　　　　圖126　　　　圖127

　　動作二、三、四同前右分腳動作二、三、四，惟左右式相反，右分腳方向為東北，左分腳方向為東南。（圖126—130）

　　【要點】　與前右分腳同，惟左右式相反。

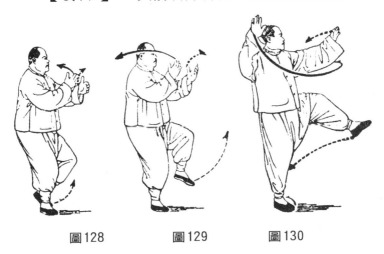

圖128　　　　　圖129　　　　　圖130

圖131　　　　　　　　圖132

第三十二式　轉身蹬腳

動作一：左腳落下，左膝微提，以右腳跟為軸，身體迅速向左後轉；同時兩掌向胸前合攏交叉，左掌在外，兩掌心皆朝裏；眼隨轉體平視轉移。（圖131—132）

動作二：兩掌向左右分開；同時左腳以腳跟慢慢向左蹬出，腳尖朝上，右腿隨著左腳蹬出漸漸起立，右膝仍微屈；眼關左掌分出，並通過左掌向左平視。（圖133）

圖 133

【要　點】

1.　同前右分腳要點3、4。

2.　左腿須隨轉身收回，不可著地；要「含胸拔背」，不可後仰。

3.　左腳蹬出時要以腳跟為著力點。

註：楊澄甫老師原來的分腳、蹬腳，都是提膝後迅速踢出，勁透腳尖或腳跟，踢出時都有風聲，後來他改為緩緩踢出或蹬出。

第三十三式　左右摟膝拗步

(一)　左摟膝拗步

動作一：左腳收回，右腿漸漸下蹲。同時，左

掌向右經左胸前向左下弧形下摟；右掌弧形移至右
耳側，隨移隨著臂外旋、沈肘使掌心斜朝面部。眼
神稍關左掌下摟，即轉向左視。（圖134）

　　動作二：左腳向前落下，先以腳跟著地，隨著
重心漸漸移向左腿而至全腳踏實，身體同時漸漸左
轉，弓左腿，蹬右腿，成左弓步；同時，左掌隨轉
體向下經左膝前摟至左胯旁，右掌也隨重心前移和
身體左轉而向前（西）推出；眼向前平視，眼神要
關及右掌前推。（圖135）

圖134　　　　　　　　　圖135

　　（三）　**右摟膝拗步**

　　動作與第九式「左右摟膝拗步」（2）右摟膝拗
步動作相同，惟方向相反，第九式是面朝東進行動
作，此式是面朝西。（圖136—139，反面參看圖38
—41）

　　【要點】　　與前第九式「左右摟膝拗步」要
點相同。

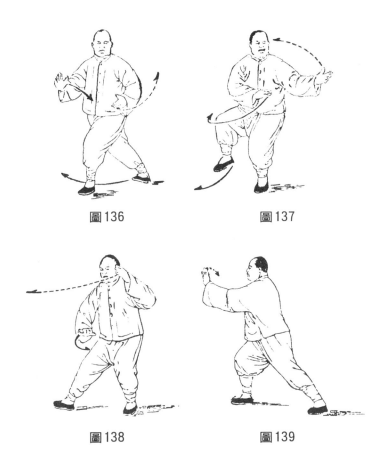

圖136　　　　　　圖137

圖138　　　　　　圖139

第三十四式　進步栽捶

　　動作一：右腳尖外撇踏實，身體漸漸右轉，重心隨著漸漸移於右腿，左腳（腳跟先離地）向前提起；同時，左掌隨轉體自前向右弧形下摟，右掌自右胯側向右向後向前（變拳）畫弧置於右腰側；眼神關顧左掌下摟。（圖140—141）

圖140   圖141

　　動作二：左腳向前邁出一步，先以腳跟著地，隨著重心漸漸移向左腿而至全腳踏實，弓左腿，蹬右腿，成左弓步；身體同時漸漸左轉，沈腰落胯。隨轉體，左掌繼續弧形而下經左膝前摟至左膝旁；右拳向前面下方打出，低過於膝。眼向前視，眼神要關及右拳下打。（圖142）

　　【要　　點】

　　1.　當左腳前邁腳跟尚未著地時，注意上體保持正直；當左掌摟過左膝時，上體隨右拳下打折腰，並沈腰胯。但折腰時，自頸椎到腰脊仍要保持成直線，不可弓背、低頭或抬頭。

　　2.　眼視右拳前方，但不可抬頭。

圖 142

3.　兩肘須微屈，不可挺直。

第三十五式　翻身撇身捶

　　動作一：左腳尖裏扣踏實，身體同時直起、右轉。隨著轉體，右拳屈肘橫臂移於左肋前，拳心朝下；左掌自左而上弧形上舉於左額前上方。眼隨轉體平視轉移，眼神要關及兩手移動。（圖143）

圖143　　　　　　　　　　圖144

圖145　　　　　　　　　　圖146

動作二、三與第二十四式「撇身捶」動作二、三相同，惟方向相反。（圖144—146，反面參看圖94—96）

【要點】　與第二十四式「撇身捶」相同。

第三十六式　進步搬攔捶

動作和要點皆與第二十五式「進步搬攔捶」相同，惟方向相反。（圖147—153，反面參看圖97—103）

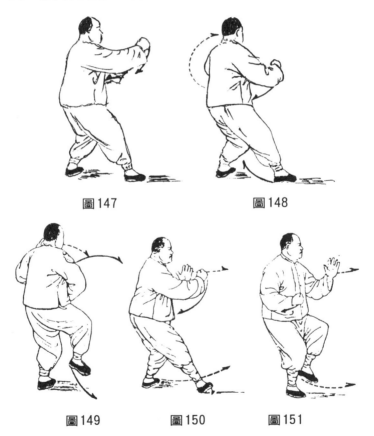

圖147　　　　　　　　　圖148

圖149　　　　圖150　　　　圖151

第三十七式　右蹬腳

動作一：左腳尖外撇踏實，身體漸漸左轉，坐實左腿，重心漸漸全部移於左腿，右腳向前提起（腳跟先離地）。同時，左掌隨轉體向左前上移，隨移隨著臂外旋使掌心轉朝裏；右拳變掌自右

圖152

圖153

圖154

圖155

前而下向左弧形上抄，與左掌合抱、交叉，右掌在外，隨抄隨著臂外旋使掌心轉朝裏。眼向右前平視，眼神要關及兩掌合抱。（圖154—155）

　　動作二：兩掌向左右分開。同時，右腳以腳跟慢慢向右蹬出，腳尖朝上；左腿隨右腳蹬出時漸漸起立，膝仍微屈。眼關顧右掌分出，並通過右掌向右平視。（圖156）

圖 156

　　【　要　點　】

　　1.　與第三十一式「左右分腳」㈠右分腳的要點3、4相同。

　　2.　右腳蹬出時要以腳跟為力點。

第三十八式　左打虎式

　　動作一：右腳下落，左腿漸漸下蹲。左掌自左而前向右弧形平移，隨移隨著臂外旋使掌心漸漸翻朝裏；右掌同時微下移，隨移隨著臂內旋使掌心漸漸轉朝下。眼神關顧右掌。（圖157）

　　動作二：右腳落於左腳旁，兩腳相距稍狹於肩，先以腳尖著地，隨著重心漸漸移於右腿而至全腳踏實，左腳隨即提起（腳跟先離地）；兩掌隨重心移於右腿向右繼續下移，左掌經右肱前，隨移隨著左臂繼續微外旋使掌心翻朝上；眼向前平視，眼神要關及兩掌。（圖158）

圖157　　　　　　　　　圖158

　　動作三：左腳向左後（西稍偏北）斜方邁步，
先以腳跟著地，隨著重心移向左腿而至全腳踏實，
弓左腿，蹬右腿，成左弓步；身體同時左轉。隨重
心左移和轉體，左掌自右肱前而下向左經左膝前向
左（變拳）而上畫弧，停於左額前上方，當左掌變
拳自左而上畫弧時，左臂內旋使拳心漸漸翻朝外；

圖159　　　　　　　　　圖160

右掌變拳，隨轉體自右而前向左屈肘橫臂置於胸前，拳心朝裏，拳眼朝上，與左拳眼上下相對。眼先關左拳，當左拳將至左額前上時，即向前平視。（圖159—160，附圖160的側面圖和正面圖）

圖160 的側面圖　　　圖160 的正面圖

【要　點】

1.　右蹬腳後，右腳下落時，左腿要相應地下蹲來控制右腳輕緩地著地，這樣才符合既輕靈又沈著的要求；如果單是右腳落下，就顯得平板呆滯。

2.　左腳邁步時要注意「邁步如貓行」的要求，同時上體要保持正直。

3.　兩手過渡為打虎式時，弧形要走得圓，不要有棱角。上下肢要相隨一致。

4.　當左手經過左膝前時，掌心朝上要有摟膝之意。

5.　成打虎式時，兩臂要呈弧形，圓滿地曲蓄，肩部防止上聳。

第三十九式　右打虎式

動作一：左腳尖裏扣踏實，身體漸漸右轉，坐實左腿，右腳漸漸提起，腳跟先離地。同時，左拳變掌弧形向左下落，掌心朝下；右拳變掌，臂外旋使掌心翻朝上，移於左肱前。眼稍關左掌，即隨轉體平視轉移。（圖161）

動作二：重心漸漸全部移於左腿，身體繼續右轉，右腳向裏提起，然後向右前（東南）斜方邁步，先以腳跟著地，隨著重心漸漸移向右腿而至全部踏實，弓右腿，蹬左腿，成右弓步。隨轉體和重心右移，右掌自左肱前而下經右膝前向右（變拳）而上畫弧，停於右額前上方，當右掌變拳自右而上畫弧時，右臂內旋使掌心漸漸翻朝外；左掌同時變拳隨轉體自左而前向右屈肘橫臂置於胸前，拳心朝裏，拳眼朝上，與右拳眼上下相對。眼先關右拳，當

圖161

圖162

圖163　　　　　　　　　　圖163 的側面圖

右拳將至右額前上時，即向前平視。（圖162—
163）

【要點】　與左打虎式相同，惟左右相反。

第四十式　回身右蹬腳

動作一：左腳以腳掌為軸，腳跟裏磨踏實，身
體漸漸左轉，重心隨著左移；同時，左拳隨轉體向

圖164　　　　　　　　　　圖165

左平移，右拳向右弧形下移（此時兩拳已開始鬆開
）；眼隨轉體平視轉移。（圖164）

　　動作二：重心漸漸全部移於左腿，身體繼續微
左轉，右腳提回；同時，兩拳變掌，左掌向左前上
伸，右掌向下經腹前向左與左掌合抱交叉，左掌在
裏，掌心皆朝裏。眼稍顧左掌上伸即轉向前平視。
（圖165）

　　動作三與第三十七式「
右蹬腳」動作二相同。
（圖166）

　　【**要點**】　　與前「右
蹬腳」相同。

圖 166

第四十一式　雙峰貫耳

　　動作一：右腳下落，右
膝提起，以左腳掌為軸，身
體迅速右轉45度（向東南斜方）；同時，兩掌隨轉
體各自左右弧形移至胸前，隨移隨著屈肘和臂外旋
使掌心翻朝裏面上方，兩肘下墜，兩臂呈弧形，兩
掌相距（以拇指一側為度）同肩寬。眼隨轉體平視
，眼神要關及兩掌合攏。（圖167）

　　動作二：左腿漸漸下蹲，右腿前（東南）邁一
步，先以腳跟著地，隨著重心移向右腿漸至全腳踏
實，弓右腿，蹬左腿，成右弓步；同時，兩掌自前
而下經右膝兩旁分向左右畫弧，隨畫隨著兩臂內旋
，隨即變拳向前上以虎口勾擊，成鉗形狀，兩拳稍
高於頭，兩虎口相對。眼向前平視，眼神要關及兩

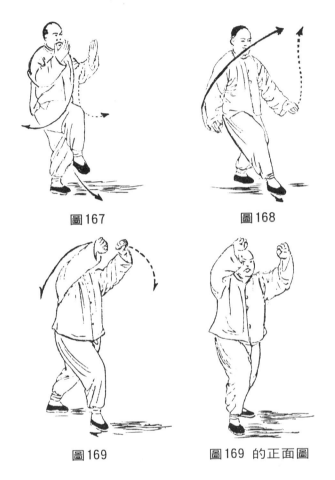

圖167　　　　　　　圖168

圖169　　　　　　圖169 的正面圖

拳。（圖168—169和圖169的正面圖）

【要　點】

1.　邁步時要坐實左腿，收右胯根，然後以左腿漸漸下蹲來控制右腿前邁，上身保持正直。邁步的速度要均勻。

2.　隨著落胯、沈氣、鬆肩，兩掌向下經膝旁

時，要以兩肘下沈來帶動兩掌下落，不可單是兩掌下落，要用整體的勁使掌背沈著鬆淨地下落。

3.　兩拳向前上勾擊要與右弓步協調一致。

第四十二式　　左蹬腳

動作一：右腳尖外撇踏實，重心漸漸全部移於右腿，身微右轉，左腳向前提起（腳跟先離地）；同時，兩拳變掌分向左右下落，經腹前向前上劃弧

圖170　　　　　　　　圖171

合抱，交叉於胸前，左掌在外；隨畫弧隨著兩臂外旋使掌心漸漸翻朝裏；眼先關兩掌畫弧，當兩掌將交叉時即轉向左平視。（圖170─171）

動作二：兩掌向左右分開；同時，左腳以腳跟慢慢向左蹬出，右腿隨左

圖172

腳蹬出漸漸起立，膝仍微屈。眼神關顧左掌分開，
並通過左掌向前平視。（圖172）

　　【要點】　　與第三十七式「右蹬腳」相同，
惟左右相反。

第四十三式　轉身右蹬腳

　　動作一：右腳跟離地，以右腳掌為軸，身體迅
速向右後轉；同時左腳隨轉體自左而前右擺，下落
於右踝旁，先以腳尖著地，隨著重心漸漸移於左腿
而至全腳踏實，隨即左腿微下蹲，右腳提起；同時
，兩掌隨轉體自左右向胸前合抱交叉，右掌在外，
掌心皆朝裏；眼隨轉體平視轉移。眼神要關及兩掌
合抱。（圖173—174）

圖173　　　　　　　　　圖174

　　動作二與第三十七式「右蹬腳」動作二相同。
（圖175）

　　【要　點】

1. 與第三十七式「右蹬腳」要點相同。

2. 轉身時須借右腳輾地（一經輾地，腳跟即離地）和左腿擺動之勢，才能迅速圓潤地轉向後面。轉身時，身體不可前俯後仰，否則會產生不穩定的現象。

圖 175

3. 兩掌合抱交叉要與轉身動作同時開始，同時完成。

第四十四式　進步搬攔捶

動作一：左腿漸漸下蹲，右腳下落，腰微右轉。同時，右掌變拳自右而下經腹前弧形左繞，拳心翻朝下；左掌隨左腿下蹲時稍下沈，即自左而前弧形向上（高不超過耳部）畫弧，掌心朝右下。眼稍關右拳左繞，即漸漸轉向右平視。（圖176）

圖 176

動作二、三、四與第十二式「進步搬攔捶」動作三、四、五相同。（接圖46—49）

【要點】　與第十二式「進步搬攔捶」要點相同。

第四十五式　如封似閉

動作和要點皆與第十三式「如封似閉」相同。
（接圖50—53）

第四十六式　十字手

動作和要點皆與第十四式「十字手」相同。（
接圖54—56）

第四十七式　抱虎歸山

動作和要點皆與第十五式「抱虎歸山」相同。
（接圖57—67）

第四十八式　斜單鞭

動作和要點皆與第四式「單鞭」相同，惟方向
正斜不同。（接圖68，再接圖177—179）

圖177　　　　　圖178　　　　　圖179

第四十九式　野馬分鬃

㈠　右分鬃

動作一：左腳尖裏扣踏實，身微左轉，重心漸漸全部移於左腿，左腿坐實，右腳收回經左踝側向前提起。同時，左掌屈肘弧形移於左胸前；右吊手變掌自右而下向左弧形抄至腹前，隨抄隨著臂外旋使掌心翻朝左面上方，與左手成抱球狀；兩臂皆呈弧形。眼神關顧左掌。（圖180）

圖180　　　　　　　　圖181

動作二：右腳向右（西稍偏北）邁出，身體漸漸右轉，先以腳跟著地，隨著重心漸漸移向右腿而至全腳踏實，弓右腿，蹬左腿，成右弓步。同時，右掌隨轉體向右上方以大拇指一側弧形挒出，高與眉齊；左掌向左弧形下採於左胯旁。眼神關顧右掌挒出，稍先於右掌到達右方。（圖181）

㈡　左分鬃

動作一：右腳尖外撇踏實，身微右轉，重心漸

漸全部移於右腿，右腿坐實，左腳經右踝側向前提
起。同時，右掌隨轉體屈肘移於右胸前，隨移隨著
臂內旋使掌心漸漸翻朝下；左掌向右弧形抄至腹前
，隨抄隨著臂外旋使掌心翻朝右面上方，與右掌成
抱球狀；兩臂均呈弧形。眼隨轉體平視轉移，眼神
要關及右掌。（圖182—183）

　　動作二：左腳向左（西稍偏南）邁出，身體漸
漸左轉，先以腳跟著地，隨著重心漸漸移向左腿而
至全腳踏實，弓左腿，蹬右腿，成左弓步。同時，

圖182　　　　　　　　　圖183

左掌隨轉體向左上方以大拇指一側弧形挒出，高與
眉齊；右掌向右弧形下採於右胯旁。眼神關顧左掌
挒出，稍先於左掌到達左方。（圖184）

　　㈢　**右分鬃**

　　動作與前㈡左分鬃動作相同，惟左右相反。（
圖185—187）

　　【要　點】

　　1.　野馬分鬃的弓步比一般弓步稍微開一些，

圖184　　　　　　　圖185

圖186　　　　　　　圖187

但不到45度斜角；腳尖要與膝蓋方向一致。

　　2.　兩掌成抱球狀時，注意不可抬肘。

　　3.　右或左手挒出時要隨腰轉動，並要由肩到肘、由肘到手節節貫串地向外挒出。同時挒出與轉體、變弓步要協調一致。下採的一手不要離胯部太近。兩臂要呈弧形。

第五十式　攬雀尾

動作一：身體微右轉，重心漸漸全部移於右腿，左腳經右踝內側向右提。同時，右掌隨轉體屈肘下沈裏收於右胸前，隨裏收隨著臂內旋使掌心漸漸翻朝下，右肘稍墜，略低於腕；左掌同時向右弧形抄至腹前，隨抄隨著臂外旋使掌心翻朝右面上方；兩掌相對如抱球狀，兩臂呈弧形。眼隨轉體平視轉移，眼神要顧及右臂。（圖188）

動作二、三、四與第三式「攬雀尾」㈠掤式的動作二、三、四相同。（接圖6—9）

【要點】與第三式「攬雀尾」㈠掤式要點相同。

圖188　　　　　　　　圖189

㈡搌式、㈢擠式、㈣按式的動作和要點，與第三式「攬雀尾」相同。（接圖10—17）

第五十一式　單　鞭

動作和要點與第四式「單鞭」相同。（接圖18

—21，再接圖189）

第五十二式　玉女穿梭

㈠　左穿梭

動作一：左腳尖裏扣踏實；同時，右吊手變掌自右向前下畫弧，左掌也漸漸下移。（圖190）

動作二：重心全部移於左腿，身體漸漸右轉，右腳提起；同時，右掌隨轉體自下而左經胸前向右弧形上掤，左掌繼續向前下畫弧。眼神關顧右掌向右上掤。（圖191）

圖190　　　　　　　　圖191

動作三：身體繼續右轉；右腳向右（西稍偏北）邁出，先以腳跟著地，隨著重心漸漸全部移於右腿而至全腳踏實；左腳經右踝側向前提起。隨轉體，左掌經腹前向右弧形移至右小臂下側；右掌也隨轉體繼續稍右掤，即沈右肘，自然帶動右掌向下移回。眼稍關右掌後移，即轉向前平視。圖（192—193）

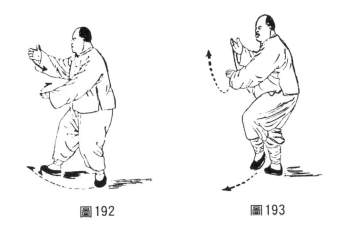

圖192　　　　　　　　圖193

　　動作四：左腳向左前斜方（西南）邁出一步，以腳跟著地。同時，左小臂經右小臂下側向前上掤；右掌（沈肘）經左小臂上側穿回，隨穿隨著臂內旋使掌心漸漸翻朝前面下方。眼向左前平視，眼神要關及左臂前掤。（圖194）

　　動作五：重心漸漸移向左腿，左腳全部踏實，身體漸漸左轉，弓左腿，蹬右腿，成左弓步。同時，左小臂經面前上翻，隨翻隨著臂內旋使掌心翻朝前面上方，左掌停於額前；右掌同時向前推出。眼向前平視，眼神要關及右掌前推。（圖195）

　　㈡　**右穿梭**

　　動作一：左腳尖裏扣踏實，身體漸漸右轉。同時，右掌隨轉體屈肘橫臂（臂呈弧形）移於胸前，隨移隨著臂外旋使掌心漸漸翻朝裏；左臂外旋、沈左肘自然帶動左掌下移，並使掌心翻朝裏。眼神關顧左掌移回。（圖196）

　　動作二：身體繼續右轉，重心漸漸全部移於左

圖194　　　　　　　　圖195

圖196　　　　　　　　圖197

腿，右腳提回，隨轉體移動。同時，右臂隨轉體右
掤；左掌沈肘經右小臂上側繼續向下移回。眼神先
關及左掌下移，即轉視右臂前方。（圖197）

　　動作三、四與前左穿梭動作四、五相同，惟左
右相反，前左穿梭方向為西南，這一右穿梭方向為
東南。（圖198─199）

圖198　　　　　　　圖199

圖200　　　圖201　　　圖202

（三）　左穿梭

　　動作一：重心漸漸全部移於右腿，身微右轉，左腳向前經右踝側提起。同時，左掌隨轉體屈肘橫臂（臂呈弧形）移於胸前，隨移隨著臂外旋使掌心漸漸翻朝裏；右臂外旋、沈右肘自然帶動右掌下移，並使掌心漸漸翻朝裏。眼稍關右掌下移，即轉視左臂前方。（圖200）

　　動作二、三與前左穿梭動作四、五相同，惟前左穿梭方向為西南，這一左穿梭方向為東北斜方。（圖201—202）

　　㈣　**右穿梭**

　　動作與前右穿梭相同，惟前右穿梭方向為東南，這一右穿梭方向為西北。（圖203—206）

圖203　　　　　　　　　　圖204

圖205　　　　　　　　　　圖206

【要　點】

　1.　玉女穿梭共有四個，方向是朝著四個斜角

。圖195、199、202、206四圖是按楊澄甫老師原照所描。原照攝時為了視線清晰，偏於側面，讀者練時可向斜角。

2.　在每個轉身或上步時，不可起立，身體要保持正直，動作要連貫、均勻，上下相隨，協調一致。

3.　一掌向前上翻時要防止引肩上聳或抬肘；推出一手的臂部不要挺直，要稍屈。

4.　變弓步、一掌前推時，腳尖、膝蓋、身體、面目與推出的一掌方向要一致地朝著斜角。

第五十三式　攬雀尾

(一)　掤式

動作一：重心漸漸全部移於右腿，左腳向右經右踝內側提起。同時，右掌屈肘下沈裏收於右胸前，隨裏收隨著臂微外旋使掌心翻朝下，右肘稍墜，略低於腕；左掌同時向右下弧形抄至腹前，隨抄隨著臂外旋使掌心翻朝右面上方；兩掌相對如抱球狀，兩臂呈弧形。眼神關顧右臂（參看圖5）。

【要點】與前第三式「攬雀尾」掤式要點相同。

(二)攦式、(三)擠式、(四)按式的動作和要點與第三式「攬雀尾」相同。（接圖10—17）

第五十四式　單　鞭

動作和要點皆與第四式「單鞭」相同。（接圖18—21，再接圖105）

第五十五式　雲　手

動作和要點皆與第二十八式「雲手」相同。（接圖106—111，再接圖108—111，再接圖108—111，再接圖108，最後接圖112，即三個雲手）

圖 207

第五十六式　單　鞭

動作和要點皆與第二十九式「單鞭」相同。（圖113—114，再接圖207）

第五十七式　下　勢

動作：右腳尖外撇踏實，重心漸漸移向右腿，右腿屈膝下蹲，成左仆步；同時，左掌隨重心後移屈肘弧形裏收下移，經胸前而下，由左腿裏側前穿

圖208　　　　　　圖209

。眼神關顧左掌。（圖208—209）

【要　點】

1.　左掌弧形裏收下移時，須隨身體重心後移鬆腰胯，鬆肩部，下沈肘部，這樣才能節節貫串帶動左掌裏收下移。左掌由裏收下移到前穿要圓活，掌指要朝前（東），掌心朝南。

2.　做下勢動作時要防止身體前俯、低頭和臀部突出，要仍然保持上體正直，並要注意不可挺胸。

3.　成左仆步時，左膝微屈，左腿不可用力挺直。

4.　眼神雖隨左掌，但當左掌由下向前穿時，不可低頭。

第五十八式　金雞獨立

㈠　左獨立

動作：左腳尖外撇，身體漸漸左轉，重心漸漸向前移於左腿，上體前移而起；左腿屈膝前弓，蹬右腿；右腳腳跟先離地向前提膝，隨即左腿漸漸起立，成左獨立式。同時，左掌隨著身體前起左轉向前上穿，即弧形下摟至左胯側（掌心朝下）；右吊手變掌自後而下，隨著右腿向前提膝，以右前臂尺骨一側貼近右大腿上側向前弧形上托，屈肘置於面前，手指朝上，高與眉齊，掌心朝左。眼先關左掌前穿，當左掌左摟時即顧右掌上托，並稍先於右掌到達，並通過右掌向前平視。（圖210—212）

圖210　　　　　　　圖211

㈡　右獨立

動作：左腿漸漸屈膝下蹲，身體漸漸右轉；右腳下落於左腳跟旁，腳尖先著地，隨著重心漸漸移於右腿而至全腳踏實；隨即左腳腳跟先離地向前提膝，右腿隨著漸漸起立，成右獨立式。隨著左腿下蹲和右腳下落的同時，右掌弧形下落於右胯旁，掌心朝下；左掌自下向前，隨著左腿向前提膝，以左小臂尺骨一側貼近左大腿上側向上弧形托起，屈肘置於面前，手指朝上，高與眉齊，掌心朝右。眼先關右掌下落，即移顧左掌上托，稍先於左掌到達，並通過左掌向前平視。（圖213—214）

【要　　點】

1.　由下勢左仆腿起，重心前移時，要左腿漸屈，右腿漸蹬，鬆腰胯，上體要平行前移，然後漸漸前起，形成左弓步的形狀，不要兩腿伸直而起。

2.　在過渡為左獨立式時，先要穩固地屈膝坐

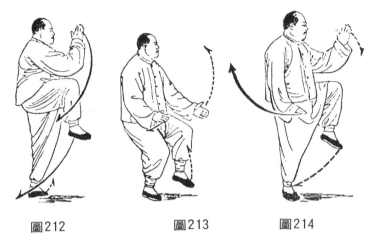

圖212　　　　　　　　圖213　　　　　　　圖214

實左腿，然後右膝向前漸漸提起，同時左腿隨著漸
漸起立；不要先左腿起立，然後再提膝，形成不協
調。由下勢變為左獨立的整個過程中，要防止上體
前俯，須保持正直。

　　3.　由左獨立變?右獨立時，注意右腳下落時，
左腿要同時下蹲，不要單是右腳下落而左腿仍然直
立。當左腿提膝時，右腿也要隨著漸漸起立。

　　4.　在做獨立式時，須「沈肩墜肘」，「坐腕」
，「虛靈頂勁」，「氣沈丹田」；要「肘與膝合」，即
肘與膝上下成垂直，向前的方向要一致。獨立的一
腿直立時不要用力挺直。

　　5.　在左右獨立式動作說明文字中所用的「托
」字，是按該動作的技擊作用而來的，但在鍛鍊時
不要為了「托」字的意義而將掌心朝上，應該手指
朝上。

第五十九式 左右倒攆猴

(一) 右倒攆猴

動作一：右腿漸漸屈膝下蹲，左腳經右踝內側下落；同時，右掌向後（稍偏右）弧形上移，至與肩齊平；左掌伸臂前移；隨移隨著兩臂外旋使兩掌心翻朝上。眼關顧右掌向右後上移。（圖215）

動作二與第十七式「左右倒攆猴」(一)右倒攆猴動作三相同。（接圖77—78）

圖215

(二)左倒攆猴與(三)右倒攆猴動作與第十七式「左右倒攆猴」相同。（接圖79—81，再接圖76—77，再接圖82）

【要點】與第十七式「左右倒攆猴」相同。

第六十式 斜飛式

動作和要點與第十八式「斜飛式」相同。（接圖83—85）

第六十一式 提手上勢

動作和要點與第十九式「提手上勢」相同。（接圖86—87，再接圖25—27）

第六十二式　白鶴亮翅

動作和要點與第六式「白鶴亮翅」相同。（接圖28）

第六十三式　左摟膝拗步

動作和要點與第七式「左摟膝拗步」相同。（接圖29—33）

第六十四式　海底針

動作和要點與第二十二式「海底針」相同。（接圖88—90）

第六十五式　扇通背

動作和要點與第二十三式「扇通背」相同。（接圖91—92）

第六十六式　轉身白蛇吐信

動作一、二與第二十四式「撇身捶」動作一、二相同。（接圖93—94）

動作三：右腳向前（稍偏右）落下，先以腳跟著地，隨著重心移向右腿，漸至全腳踏實，弓右腿，蹬左腿，左腳尖微裏扣，成右弓步；身體繼續右轉。同時，右拳變掌繼續隨轉體向前弧形下撇至右腰前，掌心朝上，左掌弧形收至胸前經右小臂裏側上方向前推出；眼向前平視。並要關及左掌前推。（接圖216—217）

圖216   圖217

【要　點】

該式除在動作三內的「右拳變掌向前下撇」與撇身捶不同外，餘皆相同。所以要點也同前撇身捶。

第六十七式　搬攔捶

動作一：重心漸漸移向左腿，身體左轉。同時，左肘隨轉體下沈，左臂外旋使掌心漸漸翻朝上；右掌變拳向前上伸於左掌上側。眼神關顧右拳前伸。（接圖97）

其餘動作皆與第二十五式「進步搬攔捶」相同。（接圖98—103）

【要點】與第二十五式「進步搬攔捶」基本相同，僅銜接動作「右掌變拳」不同，其餘動作皆同。

第六十八式　攬雀尾

　　動作和要點與第二十六式「上步攬雀尾」相同。（接圖104，再接圖17）

第六十九式　單　鞭

　　動作和要點與第二十七式「單鞭」相同。（接圖18—21，再接圖105）

第七十式　雲　手

　　動作和要點與第二十八式「雲手」相同。（接圖106—111，再接圖108—111，再接圖108—111，再接圖108，最後接圖112，即三個雲手）。

第七十一式　單　鞭

　　動作和要點與第二十九式「單鞭」相同。（接圖113—115）

第七十二式　高探馬帶穿掌

㈠　高探馬

　　動作和要點與第三十式「高探馬」相同。（接圖116—117，再接圖218）

㈡　左穿掌

　　動作一：左腳提回，右腿漸漸下蹲；左腳向前邁出一步，先以腳跟著地，隨著重心漸漸移向左腿而至全腳踏實，弓左腿，蹬右腿，成左弓步；身體同時漸漸右轉。隨著左腳提回，同時右掌漸漸屈肘

橫臂，臂呈弧形，以弧形向左而下內收，隨收隨著臂外旋使掌心翻朝上；當左小臂穿過右掌上側時，右掌即臂內旋使掌心仍翻朝下，右掌落於左腋下；左掌由右掌上側穿出，掌心仍朝上，高與頦平。眼稍關右掌裏收，即仍向前平視，並要關及左掌前穿。（圖219—220）

圖 218

圖219

圖220

【要　點】

1.　左穿掌動作要同左弓步、身體右轉協調一致。

2.　邁步時要防止上體前撲，要做到「邁步如貓行」，落步時要輕靈。

3.　左掌穿出時右臂要呈弧形，右腋要留有空

隙，不要逼緊。如果逼緊和臂不呈弧形，一方面在
姿勢上顯得彆扭，達不到處處求圓滿的要求，另外
在動作轉換中也會失掉圓活之意。

第七十三式　十字腿

　　動作一：左腿尖裏扣
踏實，身體漸漸右轉，重
心漸漸全部移於左腿，右
腳向左提回（腳跟先離地
）。同時，左臂屈肘右移
，掌心朝裏；右掌經左臂
外側隨身體右轉合抱，隨
合抱隨著臂外旋使掌心翻
朝裏，兩掌合抱交叉於胸
前。眼隨轉體向右平視，
眼神要關及兩掌合抱。（
圖221－222）

圖221

圖222

圖223

動作二與第三十七式「右蹬腳」動作二相同。（圖223）

【**要點**】與第三十七式「右蹬腳」要點相同。

十字腿這個動作，原來的練法是單擺蓮。上述這種練法，是楊澄甫最後修訂定型的，目前按此法練者又最普遍，因之本書按最後定型的編著。但為使讀者對原來練法有所瞭解，茲將原來練法介紹如下：

自左穿掌後，左腳尖裏扣踏實，身體漸漸右轉，重心漸漸全部移於左腿；同時，左掌屈肘隨轉體經面前右移，右掌仍在左腋下。身體繼續右轉，右腳自左向右上方弧形外擺，膝部自然微屈，腳高不過肩，腳背略側朝右面；同時左掌自上而右向左迎著右腳面拍擊。

下面就接進步指襠捶，在銜接動作上，即進步指襠捶動作一的說明，所不同的只是將右掌自左腋下經腹前左繞變拳。

第七十四式　進步指襠捶

動作一：左腿漸漸下蹲，右腳下落，身體漸漸右轉。同時，右掌變拳自右而下經腹前左繞，隨繞隨著臂微內旋使拳心轉朝下；左掌也隨左腿下蹲和身體右轉下沈前移。眼稍關右拳，即向前平視。（圖224）

動作二：右腳腳尖外撇向右前（西北）斜方上步，先以腳跟著地，隨著重心移向右腿而至全腳踏

圖224   圖225

實；身體繼續右轉。隨轉體，右拳自左而上經胸前
向右前搬出，隨搬隨著臂外旋使拳心翻朝上；左掌
同時隨轉體弧形向右前攔，掌心朝右。眼神關顧左
掌前攔。（圖225）

　　動作三：重心漸漸全部移於右腿，左腳經右踝
內側向前上步，先以腳跟著地；身體繼續向右微轉
；同時，右拳隨轉體向右、向後、向前繞一弧形收

圖226   圖227

於右腰側，左掌自前而右弧形下摟。眼向前平視，眼神要關及左掌。（圖226）

動作四：重心漸漸移向左腿，左腳漸至全腳踏實，弓左腿，蹬右腿，成左弓步；身體漸漸左轉，微折腰。同時，左掌向左經左膝前弧形摟至左膝旁；右拳向前打出，高與腹齊。眼向前平視，眼神要關及左掌左摟和右拳打出。（圖227）

【要點】與第三十四式「進步栽捶」同。

第七十五式　上步攬雀尾

（一）掤　式

動作一：左腳尖外撇踏實，重心漸漸全部移於左腿，右腿向前提起；身體左轉直起。同時，左掌屈肘自左而上弧形移於左胸前，掌心朝右下；右拳變掌自前向左弧形抄至左掌下方，隨抄隨著臂外旋使掌心翻朝左面上方；與左掌成抱球狀，兩臂均呈弧形。眼略顧左小臂即轉向右臂前方平視。（接圖7）

動作二與第三式「攬雀尾」（一）左右掤式動作四相同。（接圖8—9）

【要點】與第三式「攬雀尾」掤式要點相同。

（二）攦式、（三）擠式、（四）按式的動作和要點與第三式「攬雀尾」相同。（接圖10—17）

第七十六式　單　鞭

動作和要點與第四式「單鞭」相同。（接圖18

—21，再接圖207）

第七十七式　下　勢

動作和要點與第五十七式「下勢」相同。（接圖208，再接圖228）

圖228

第七十八式　上步七星

動作：左腳尖外撇，重心漸漸向前移於左腿，身體漸漸前起左轉，左腿屈膝前弓，蹬右腿；右腳腳跟先離地向前經左踝內側提起，向前邁出半步，以腳尖點地，成右虛步。同時，左掌上抄至胸前變拳，右吊手變拳隨右腳前邁自後經腰部向前交叉於左拳下側，與左拳同時向前上掤，兩拳高與頦齊，左拳心朝右面

圖229　　　　　圖230

裏側，右拳心朝左面裏側。眼向前平視，眼神關及兩拳交叉前掤。（圖229—230）

【要　點】

1.　同第五十八式「金雞獨立」要點 1。

2.　由下勢過渡為右虛步時，注意身體不要搖晃。上體要保持正直，要鬆腰胯，腰部要防止為了保持平衡而僵硬。不可用右腳尖來分擔身體重心，因為此時右腳為虛，左腳為實。如果右腳尖用力著地，分擔重心，就會犯步法上「雙重」的毛病，也就是虛實沒有分清。

3.　右拳向前上掤時，要如掤如打，注意不要做成向前上揚的動作。

4.　兩拳前掤時，兩肩不可因兩拳交叉而上聳或鎖住，兩臂要呈弧形，使姿勢達到曲蓄而又圓滿的要求。

第七十九式　退步跨虎

動作：右腳經左踝內側退後一步，身體隨著微右轉；重心漸漸移於右腿，左腳略向後提，距原地半腳許落下，以腳尖點地，成左虛步，身體隨著仍轉朝前。同時，兩拳變掌向左右分開，右掌隨身體右轉由前而下向右而上（此時身體正向前轉）畫弧，停於身體右側上方，隨畫弧隨著臂內旋使掌心朝前（稍朝上側）；左掌自前而下向左弧形落於左胯旁，掌心仍朝下，手指朝前。眼先關顧右掌向右畫弧，當右掌自右向上畫弧時，即轉向前平視，眼神並關及兩掌。（圖231—232）

圖231   圖232

【要　　點】

1.　向後退步時注意右腳的落地點，不要踏在一條線上。

2.　成退步跨虎式時（圖232），上體不可朝右側傾或後仰、前俯，仍須正直。

3.　兩掌分開後，兩臂要呈弧形，注意兩掌不要距離身體太開而形成鬆散的現象。

第八十式　轉身擺蓮

動作一：左掌自左胯旁向左弧形上移至左額前；右掌自上向右而下經腹前弧形移至左胸前，掌心朝下，略朝前側。（圖233）

動作二：以右腳掌為軸，身體向右後轉，左腳隨著略踩地而起，左腿向右隨轉體平擺；兩掌向右後隨轉體移轉，隨轉隨著右掌漸漸上移至高與鼻齊，左掌漸漸下移至與胸平，兩掌心皆朝下。眼隨轉體向前平視轉移。（圖234—235）

圖233　　　　　　圖234　　　　　　圖235

動作三：左腳向左前（東北）斜方腳尖裏扣落地，隨著重心漸漸移於左腿而至全腳踏實，身體繼續右轉，左腿屈膝坐實，右腳仍為腳掌著地，如右虛步形狀。兩掌繼續隨轉體向右平移，右掌移於身體右前方；左掌移於右腕左側，稍低於右掌。眼隨轉體平視轉移，眼神要關及兩掌右移。（圖236）

圖236　　　　　　圖237　　　　　　圖238

　　動作四：腰自左向右轉，右腳自左向右上方弧形外擺，膝部自然微屈，腳高不超過肩部，腳背略側朝右面；同時兩掌自右向左迎著右腳面拍擊（左先、右後。身體此時由右向左轉）。眼神關顧兩掌拍擊右腳面。（圖237—238）

　　【要　點】

　　1.　以右腳掌為軸身體向右後轉時，要借左腳略踩地、左腿向右後擺和轉體之勢，才能轉得圓活。在轉體時，身體不可搖晃，要立身中正，但腰部不可因此而挺硬，仍要放鬆。

　　2.　左腳落地時，要漸漸下蹲，形成像右虛步的過程，然後隨著腰部自左向右轉和右腳自左向右上擺而漸漸起立，但也不可挺直。

　　3.　右腿擺蓮是橫勁，要用轉腰來帶動右腿外擺。由於右腿外擺是橫勁，又要由腰來帶動，因此右腳最好不超出肩部，同時右腿不要挺直，要微屈。如果腿部伸直和腳的高度超出肩部，則勢必胯部力量用得多，而腰部力量用得少；反之，腿部微屈，腳的高度不超過肩部，就能充分運用腰部力量，達到橫勁的要求，並且所發到右腳背的勁力也更大。

第八十一式　彎弓射虎

　　動作一：左腿漸漸下蹲，身體繼續左轉，右腳下落於原地（仍為東南斜方），先以腳跟著地，隨著重心漸漸移向右腿而至全腳踏實；同時，兩掌隨轉體向左平擺，右臂隨著外旋使掌心翻朝上。眼神

關顧兩掌左移。（圖239）

動作二：身體漸漸右轉，弓右腿，蹬左腿，成右弓步。兩掌隨轉體自左而下經腹前右繞變拳，繼續向右弧形上繞；右手隨繞隨著臂內旋使右拳心漸漸翻朝外，經右耳側（此時身體由右向左轉）向左前斜方打出，高與額平，置於右額前，臂呈弧形；

圖 239

左手隨繞隨著臂內旋使拳心漸漸轉朝下，向上經胸前（此時身體由右向左轉）向左前斜方打出，高與胸平。眼先關顧兩手向右上繞，當身體左轉、兩拳向左前將要打出時，轉向左前斜方平視，眼神並要關及左拳打出。（圖240—241）

圖240　　　　　　圖241

【要　點】

1.　兩手要隨腰轉動。腰部隨兩手拍擊右腳面

後先左轉，隨即右轉，兩手也隨著向右上繞；當右拳繞至右耳側和左拳繞至胸前時，身體又變為左轉，兩拳也隨著體左轉而向左前斜方打出。身體轉動、兩拳打出與變左弓步等動作要協調一致。

2.　成為彎弓射虎時（圖241），要防止右肘上抬，肩部上聳，身體前撲。

第八十二式　進步搬攔捶

動作一：重心漸漸移於左腿，身體漸漸左轉。同時，左拳變掌隨轉體向左後攦，隨攦隨著臂外旋使掌心翻朝上；右拳向前弧形下落于左掌前上方，隨下落隨著臂外旋使拳心翻朝左面裏側（右拳高與肩齊），隨左掌左攦。（接圖147—148）

動作二：重心漸漸全部移於左腿，右腳提回。同時，右拳自右前向下經腹前左繞，拳心轉朝下；左掌向左而上（高不超過耳部）畫弧，隨畫弧隨著臂內旋使掌心翻朝右面下方。眼神稍關顧兩手畫繞，即漸漸轉向前平視。（接圖45）

動作三、四、五與第十二式「進步搬攔捶」動作三、四、五相同。（接圖46—49）

【要點】與第十二式「進步搬攔捶」相同。

第八十三式　如封似閉

動作和要點與第十三式「如封似閉」相同。（接圖50—53）

第八十四式　十字手

動作和要點與第十四式「十字手」相同。（接圖54—56）

第八十五式　收　勢

動作：兩掌向前隨伸隨分開，兩手距離同肩寬，同時兩臂內旋使兩掌心轉朝下；隨即兩肘下沈，自然帶動兩掌徐徐向下按至胯前，手指朝前，掌心仍朝下。眼向前平視。（圖242—244）

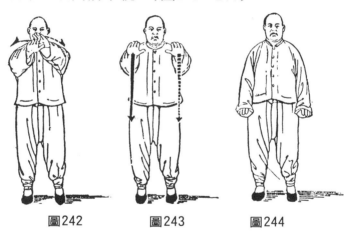

圖242　　　圖243　　　圖244

【要　點】

1. 與第二式「起勢」要點相同。
2. 最後，兩臂與兩手手指要自然下垂。

第三章
楊式太極拳推手

　　楊式太極推手有三種傳統推法，在這裏附帶作一簡略介紹。

定步推手

　　定步推手又稱四正推手，是兩人彼此用掤攦擠按四種手法，在原地進行的，其動作如下。

1.　甲乙兩人對立，彼此邁出右足（此處為便於說明，假設互出右足。在練習中可使左右足輪流在前，進行練習），互舉左手相搭（手背相對，手腕相交叉），各含掤勁；再各起右手撫於對方左肘，成為左手腕相交的雙搭手。乙屈右腿前弓，甲屈左腿後坐；同時乙轉為兩手向甲按去，甲以左臂掤承對方的按勢，同時甲順勢上體開始左轉。（推手圖1，黑衣者為甲，白衣者為乙；甲為掤，乙為按）

2.　甲順對方按勢身體左轉，並隨著後坐，左腕仍掤住對方左掌按勁，以右腕黏於對方左肘，向左攦出；攦時右臂外旋；乙即將右手離開對方左肘移至自己的左肘內側。（推手圖2，甲為攦式）

3.　乙順對方的攦勢以右掌附於自己的左肘內

圖1　　　　　　　　　　圖2

側，向甲胸部擠出，同時弓足右腿；甲順乙之擠勢，腰部右轉，兩臂內旋。（推手圖3，乙為擠式）

　　4.　甲順對方的擠勢，腰部繼續右轉，身體轉至正對乙方，同時兩臂繼續內旋，並以右手接住乙的右手，左手下沈落於對方近肘部的小臂處，兩手同時前按，並屈右腿前弓；乙即以右臂掤承對方的按勢。（推手圖4，甲按，乙掤）

　　然後，乙上體右轉，以左手黏甲右肘右攦；甲

圖3　　　　　　　　　　圖4

再以左手附於自己右肘內側前擠；乙即轉為按式，甲又複以左臂掤接，如此循環互推。如果上肢向相反方向轉動，動作同前，惟左右相反。

　　定步推手要求彼此各在擠足時，恰是步子弓足的時候，在攦足時恰是後坐到點的時候（如果擠時後坐和攦時前弓，都是錯誤的）。掤與按在弓、坐兩者之間。

活步推手

　　活步推步，是兩人用掤攦擠按四種手法，配合著前進後退的步法進行的循環練習。步法分為合步與套步兩種。

1. 合步步法：

　　假設甲乙兩人都是左足在前作雙搭手為開始（活步推手步法圖之圖1甲的起點）。假設甲退乙進。甲稍向前提右腳向後仍落於原地；乙同時稍向後提回左腳向前仍落於原地。接著甲退左腳，乙進右腳，甲再退右腳，乙進左腳（步法圖1甲。

　　看來似乎甲退三步，乙進三步，其實第一步不過是稍提腿後仍落於原地）。然後轉為乙退甲進（步法圖1乙中的起點，即圖1甲中甲乙兩人的最後落腳點）。當甲退了三步即向後提回左腳向前仍落於原地（轉為進步），乙進了三步，即向前提起右腳向後仍落於原地（轉為退步）。

　　接著甲進乙退各兩步（步法圖1乙），然後再轉為甲退乙進，如此一進一退地迴圈練習。

2. 套步步法：

甲乙兩人相距一步對立（步法圖2甲中的起點）。假設甲退乙進，乙左腳前邁，插於甲右腳內側，同時甲左腳後退一步；接著乙前邁右腳落於甲左腳外側，同時甲右腳後退一步；接著乙再邁左腳仍插於甲右腳內側，同時甲左腳後退一步（步法圖2甲）。然後轉為乙退甲進（步法圖2乙的起點，即步法圖2甲中甲乙兩人的最後落腳點）。

當甲退了三步，右腳即由乙之左腳外側套至內側（轉為進步）；乙同時向前稍提右腳向後仍落於原地（轉為退步）。

接著再甲進乙退各兩步（步法圖2乙）。然後再轉為甲退乙進，這樣一進一退地循環練習。

活步推手，無論是合步或套步，上肢仍用掤攦擠按四種手法，但在開始動步時，退者必然為掤，進者為按。然後退者隨退隨轉為攦，當攦至盡處時，步子也恰退了三步；進者也隨進隨轉為擠；擠足時也恰是進步進足時。然後，退者轉為進步時，上肢也由攦轉為按；進者轉為退步時，上肢也由擠轉為掤。如此配合步法進行練習。

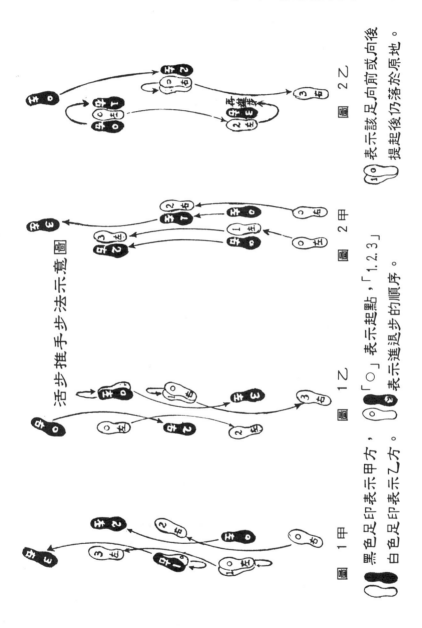

活步推手步法示意圖

黑色足印表示甲方，○ 表示起點，「1、2、3」
白色足印表示乙方。表示進退步的順序。

表示進退步的順序。

表示該足向前或向後
提起後仍落於原地。

大　　擺

　　大擺因有步法的配合，擺的幅度就較定步推手中的擺為大，所以稱為大擺；又由於大擺步法的方向是朝著四個斜角的（參看大擺步法方向示意圖1－4的整個趨向），因此又稱四隅推手法；又因它的主要動作是擺和靠，在每個循環中，兩人合計有四個擺和四個靠的動作，所以也叫做四擺四靠。其動作如下。

　　1.　兩人南北對立：假設甲向南，乙向北，兩人成右手腕相交叉的雙搭手，並假設甲擺乙靠，甲退乙進。乙轉為雙手按甲右小臂，甲以右小臂掤住（大擺圖1，動作說明中是右勢，圖中為左勢）。甲右足向西北斜方退步，身體右轉；同時，翻右手採（虛握）乙右腕，並以左小臂（近腕部的尺骨一側）黏乙右上臂（近肘關節處）向右擺去。

　　在甲退步的同時，乙向西（稍偏北）橫跨左足，順甲採擺之勢，邁右足插於甲之襠間；同時左掌移附於右肘內側，以肩部向甲胸前靠去。（步法見大擺步法方向示意圖1甲，姿勢見大擺圖4，圖中楊澄甫為乙。大擺姿勢參考圖共5幅，皆根據楊澄甫原照所描，由於沒有過渡動作的圖照，難以連貫，但左右擺靠之姿勢皆有，所以附作參考。其中圖5一幅更為難得之照，也一併附上）

　　2.　甲左小臂隨腰下沈，以化開乙之靠勁，並以右手向乙面部一閃。（大擺圖3，楊易為甲。此圖

大擺步法方向示意圖

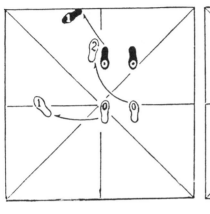

圖1甲

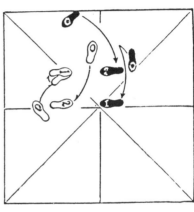

圖1乙

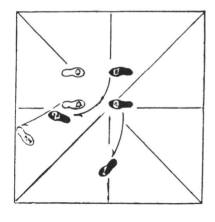

圖2甲

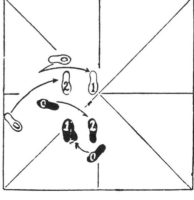

圖2乙

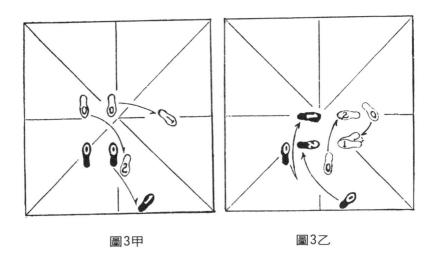

圖3甲　　　　　　　　　圖3乙

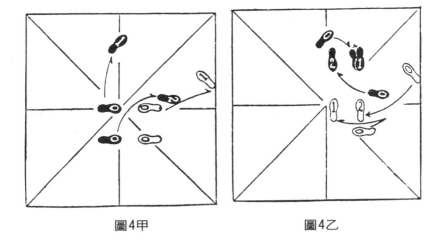

圖4甲　　　　　　　　　圖4乙

乙的姿勢未靠足，步型應該與大攦圖4中楊澄甫同
）

　　3.　乙即以右腕接甲之右腕，左手同時移黏於
甲右肘上，與甲兩人仍復為原來右手腕相交叉的雙
搭手式。

　　乙在接甲右腕的同時，上左腳，即以左腳掌為
軸向右轉體，退右腳，與左腳併立，轉為面朝東。
甲也同時左腳稍提回即向南扣腳尖落步，體右轉，
併右步，轉為面朝西。（大攦步法圖1乙）

　　大攦的每一循環需走四個斜角，上述的甲退乙
進、甲攦乙靠，走完了一個斜角，完成了第一次攦
靠的動作。接著第二次攦靠是乙退甲進、乙攦甲靠
（動作同上述，惟甲乙互易，乙之退步方向為西南
。大攦步法圖2甲），乙轉為朝南，甲朝北（大攦步
法圖2乙）。

　　第三次又是甲退乙進，甲攦乙靠，再轉朝東西
（動作同第一次，惟方向不同。大攦步法圖3甲、
乙）。

　　第四次又換為乙退甲進，乙攦甲靠，仍復原為
甲朝南、乙朝北（動作同第二次，大攦步法圖4甲
、乙）。如此反覆循環練習。

　　上述動作是由右手腕相交叉的雙搭手開始，所
以無論甲或乙所走的攦和靠，都是右攦右靠。如果
要走左攦左靠，可換為由左手腕相交的雙搭手開始
，按前述動作左右相反即成（大攦圖2和5）。練習
時可左右輪換。

　　大攦的手法有採挒肘靠四種。在練習中採（同

大攦圖1　　　　　　大攦圖2

大攦圖3　　　　　　大攦圖4

大攦圖5

時攔）和靠的動作表現得很明顯，挒和肘並沒有表現出來，只有在變化中才會運用出來。

挒法——

按楊澄甫所著《太極拳體用全書》中，大攔四隅推手解裏對「挒」是這樣解說的：「……握乙之左腕是為採。右手不動即為切截。一變便為挒。挒者即撇開乙之左肘。向乙領際以掌斜擊去。」

這是以甲左攔、乙左靠的動作來講解的。甲以左手採乙左腕，同時以右小臂（近腕部的尺骨一側）黏於乙左上臂（肘關節稍上處）左攔；如果「右手不動」即以尺骨一側「切截」乙之左肘關節；如果「一變便為挒」，就是右手「撇開乙之左肘」，以右手大拇指一側的手背「向乙領際斜擊去」。

因之，挒的動作在練習時並不表現出來，只有在意念中或變化時有挒的動作。這樣，當以用手背的側擊為「挒」。

此外，另有兩種說法：一種是以閃為挒掌；另一種是，當甲左攔後，接著右肘下沈、右帶化開乙之靠勁作為挒。

肘法——

也是在意念中或在變化時有肘的動作，就是當甲左攔以右小臂切截乙左肘，乙即將左肘折迭於甲之右小臂上側，用肘尖向甲胸部頂去，作為肘的動作。按《太極拳體用全書》中「採勢。甲左採而變為閃。右仍為切截。乙以左肘折住」（人民體育出版社，1957年7月第一版，第42頁）之句來看，也是被攔者折肘以使用肘法。

　　但另有一說是攦者使用肘法，就是當甲左攦、乙左靠之時，甲用右肘下沈化開乙的靠勁這一動作，作為肘的動作。

　　大攦雖說是採捌肘靠四種手法，其實兼有掤、攦、擠、按的手法。關於掤、攦和按，詳見前大攦動作說明。

　　擠在被攦者使用靠法之前，含有擠意。另外在變化中，攦者也可使用擠法，就是當甲左攦後仍以右小臂黏於乙左上臂，鬆開下採的左手移附於右腕處，即成擠式。

附　錄

一、太極拳論

王宗岳

　　太極者無極而生。陰陽之母也。動之則分。靜之則合。無過不及。隨曲就伸。人剛我柔謂之走。我順人背謂之黏。動急則急應。動緩則緩隨。雖變化萬端。而理為一貫。由著熟而漸悟懂勁。由懂勁而階及神明。然非用力之久。不能豁然貫通焉。虛靈頂勁。氣沈丹田。不偏不倚。忽隱忽現。左重則左虛。右重則右杳。仰之則彌高。俯之則彌深。進之則愈長。退之則愈促。一羽不能加。蠅蟲不能落。人不知我，我獨知人。英雄所向無敵。蓋皆由此而及也。斯技旁門甚多。雖勢有區別。概不外乎壯欺弱。慢讓快耳。有力打無力。手慢讓手快。是皆先天自然之能。非關學力而有為也。察四兩撥千斤之句。顯非力勝。觀耄耋能禦眾之形。快何能為。立如平準。活似車輪。偏沈則隨。雙重則滯。每見數年純功。不能運化者。率自為人制。雙重之病未悟耳。欲避此病，須知陰陽。黏即是走，走即是黏。陽不離陰。陰不離陽。陰陽相濟。方為懂勁。懂勁後。愈練愈精。默識揣摩。漸至從心所欲。本是

捨己從人。多誤捨近求遠。所謂差之毫釐，謬以千里。學者不可不詳辨焉。是為論。

長拳者。如長江大海。滔滔不絕也。掤攦擠按採挒肘靠。此八卦也。進步退步左顧右盼中定。此五行也。掤攦擠按。即乾坤坎離四正方也。採挒肘靠。即巽震兌艮。四斜角也。進退顧盼定。即金木水火土也。合之則為十三勢也。

二、十三勢歌

（作者待考）

十三總勢莫輕視。命意源頭在腰際。變轉虛實須留意。氣遍身軀不少滯。靜中觸動動猶靜。因敵變化示神奇。勢勢存心揆用意。得來不覺費功夫。刻刻留心在腰間。腹內鬆淨氣騰然。尾閭中正神貫頂。滿身輕利頂頭懸。仔細留心向推求。屈伸開合聽自由。入門引路須口授。功夫無息法自修。若言體用何為準。意氣君來骨肉臣。想推用意終何在。益壽延年不老春。歌兮歌兮百四十。字字真切義無遺。若不向此推求去。枉費工夫貽歎息。

三、十三勢行功心解

武禹襄

以心行氣。務令沈著。乃能收斂入骨。以氣運身。務令順遂。乃能便利從心。精神能提得起。則無遲重之虞。所謂頂頭懸也。意氣須換得靈。乃有圓活之趣。所謂變轉虛實也。發勁須沈著鬆淨。專主一方。立身須中正安舒。支撐八面，行氣如九曲珠。無往不利（氣遍身軀之謂）。運勁如百煉鋼。無堅不摧。形如搏兔之鵠。神如捕鼠之貓。靜如山嶽。動如江河。蓄勁如開弓。發勁如放箭。曲中求直。蓄而後發。力由脊發。步隨身換。收即是放。斷而復連。往復須有折迭。進退須有轉換。極柔軟。然後極堅剛。能呼吸。然後能靈活。氣以直養而無害。勁以曲蓄而有餘。心為令。氣為旗。腰為纛。先求開展。後求緊湊。乃可臻於縝密矣。

又曰。彼不動。已不動。彼微動。已先動。勁似鬆非鬆。將展未展。勁斷意不斷。又曰。先在心。後在身。腹鬆氣斂入骨。神舒體靜。刻刻在心。切記一動無有不動。一靜無有不靜。牽動往來氣貼背。而斂入脊骨。內固精神。外示安逸。邁步如貓行。運勁如抽絲。全身意在精神。不在氣。在氣則滯。有氣者無力。無氣者純剛。氣若車輪。腰如車軸。

四、太極拳論

武禹襄

一舉動周身俱要輕靈。尤須貫串。氣宜鼓蕩。神宜內斂。無使有缺陷處。無使有凸凹處。無使有斷續處。其根在腳。發於腿，主宰於腰。形於手指。由腳而腿而腰。總須完整一氣。向前退後。乃能得機得勢。有不得機得勢處。身便散亂。其病必於腰腿求之。上下前後左右皆然。凡此皆是意。不在外面。有上即有下。有前則有後。有左則有右。如意要向上。即寓下意。若將物掀起而加以挫之之力。斯其根自斷。乃壞之速而無疑。虛實宜分清楚。一處有一處虛實。處處總此一虛實。周身節節貫串。無令絲毫間斷耳。

五、打手歌

王宗岳修訂

掤攦擠按須認真。上下相隨人難進。任他巨力來打吾。牽動四兩撥千斤。引進落空合即出。沾連沾隨不丟頂。

大展出版社有限公司
品冠文化出版社

圖書目錄

地址：台北市北投區(石牌)
　　　致遠一路二段 12 巷 1 號
郵撥：01669551＜大展＞
　　　19346241＜品冠＞

電話：(02) 28236031
　　　　 28236033
　　　　 28233123
傳真：(02) 28272069

·熱門新知· 品冠編號 67

1.	圖解基因與 DNA		中原英臣主編	230 元
2.	圖解人體的神奇	（精）	米山公啟主編	230 元
3.	圖解腦與心的構造	（精）	永田和哉主編	230 元
4.	圖解科學的神奇	（精）	鳥海光弘主編	230 元
5.	圖解數學的神奇	（精）	柳 谷 晃著	250 元
6.	圖解基因操作	（精）	海老原充主編	230 元
7.	圖解後基因組	（精）	才園哲人著	230 元
8.	圖解再生醫療的構造與未來		才園哲人著	230 元
9.	圖解保護身體的免疫構造		才園哲人著	230 元
10.	90 分鐘了解尖端技術的結構		志村幸雄著	280 元
11.	人體解剖學歌訣		張元生主編	200 元

·名人選輯· 品冠編號 671

1.	佛洛伊德	傅陽主編	200 元
2.	莎士比亞	傅陽主編	200 元
3.	蘇格拉底	傅陽主編	200 元
4.	盧梭	傅陽主編	200 元
5.	歌德	傅陽主編	200 元
6.	培根	傅陽主編	200 元
7.	但丁	傅陽主編	200 元
8.	西蒙波娃	傅陽主編	200 元

·圍棋輕鬆學· 品冠編號 68

1.	圍棋六日通	李曉佳編著	160 元
2.	布局的對策	吳玉林等編著	250 元
3.	定石的運用	吳玉林等編著	280 元
4.	死活的要點	吳玉林等編著	250 元
5.	中盤的妙手	吳玉林等編著	300 元
6.	收官的技巧	吳玉林等編著	250 元
7.	中國名手名局賞析	沙舟編著	300 元
8.	日韓名手名局賞析	沙舟編著	330 元

·象棋輕鬆學· 品冠編號 69

1.	象棋開局精要	方長勤審校	280 元
2.	象棋中局薈萃	言穆江著	280 元
3.	象棋殘局精粹	黃大昌著	280 元
4.	象棋精巧短局	石鏞、石煉編著	280 元

·生 活 廣 場· 品冠編號 61

1.	366 天誕生星	李芳黛譯	280 元
2.	366 天誕生花與誕生石	李芳黛譯	280 元
3.	科學命相	淺野八郎著	220 元
4.	已知的他界科學	陳蒼杰譯	220 元
5.	開拓未來的他界科學	陳蒼杰譯	220 元
6.	世紀末變態心理犯罪檔案	沈永嘉譯	240 元
7.	366 天開運年鑑	林廷宇編著	230 元
8.	色彩學與你	野村順一著	230 元
9.	科學手相	淺野八郎著	230 元
10.	你也能成為戀愛高手	柯富陽編著	220 元
12.	動物測驗—人性現形	淺野八郎著	200 元
13.	愛情、幸福完全自測	淺野八郎著	200 元
14.	輕鬆攻佔女性	趙奕世編著	230 元
15.	解讀命運密碼	郭宗德著	200 元
16.	由客家了解亞洲	高木桂藏著	220 元

·血型系列· 品冠編號 611

1.	A 血型與十二生肖	萬年青主編	180 元
2.	B 血型與十二生肖	萬年青主編	180 元
3.	O 血型與十二生肖	萬年青主編	180 元
4.	AB 血型與十二生肖	萬年青主編	180 元
5.	血型與十二星座	許淑瑛編著	230 元

·女醫師系列· 品冠編號 62

1.	子宮內膜症	國府田清子著	200 元
2.	子宮肌瘤	黑島淳子著	200 元
3.	上班女性的壓力症候群	池下育子著	200 元
4.	漏尿、尿失禁	中田真木著	200 元
5.	高齡生產	大鷹美子著	200 元
6.	子宮癌	上坊敏子著	200 元
7.	避孕	早乙女智子著	200 元
8.	不孕症	中村春根著	200 元
9.	生理痛與生理不順	堀口雅子著	200 元

10. 更年期　　　　　　　　　　　野末悅子著　200元

・傳統民俗療法・ 品冠編號 63

1. 神奇刀療法　　　　　　　潘文雄著　200元
2. 神奇拍打療法　　　　　　安在峰著　200元
3. 神奇拔罐療法　　　　　　安在峰著　200元
4. 神奇艾灸療法　　　　　　安在峰著　200元
5. 神奇貼敷療法　　　　　　安在峰著　200元
6. 神奇薰洗療法　　　　　　安在峰著　200元
7. 神奇耳穴療法　　　　　　安在峰著　200元
8. 神奇指針療法　　　　　　安在峰著　200元
9. 神奇藥酒療法　　　　　　安在峰著　200元
10. 神奇藥茶療法　　　　　　安在峰著　200元
11. 神奇推拿療法　　　　　　張貴荷著　200元
12. 神奇止痛療法　　　　　　漆　浩　著　200元
13. 神奇天然藥食物療法　　　李琳編著　200元
14. 神奇新穴療法　　　　　　吳德華編著　200元
15. 神奇小針刀療法　　　　　韋丹主編　200元
16. 神奇刮痧療法　　　　　　童佼寅主編　200元
17. 神奇氣功療法　　　　　　陳坤編著　200元

・常見病藥膳調養叢書・ 品冠編號 631

1. 脂肪肝四季飲食　　　　　蕭守貴著　200元
2. 高血壓四季飲食　　　　　秦玖剛著　200元
3. 慢性腎炎四季飲食　　　　魏從強著　200元
4. 高脂血症四季飲食　　　　　薛輝著　200元
5. 慢性胃炎四季飲食　　　　馬秉祥著　200元
6. 糖尿病四季飲食　　　　　王耀獻著　200元
7. 癌症四季飲食　　　　　　　李忠著　200元
8. 痛風四季飲食　　　　　　魯焰主編　200元
9. 肝炎四季飲食　　　　　　王虹等著　200元
10. 肥胖症四季飲食　　　　　李偉等著　200元
11. 膽囊炎、膽石症四季飲食　謝春娥著　200元

・彩色圖解保健・ 品冠編號 64

1. 瘦身　　　　　　　　　　主婦之友社　300元
2. 腰痛　　　　　　　　　　主婦之友社　300元
3. 肩膀痠痛　　　　　　　　主婦之友社　300元
4. 腰、膝、腳的疼痛　　　　主婦之友社　300元
5. 壓力、精神疲勞　　　　　主婦之友社　300元
6. 眼睛疲勞、視力減退　　　主婦之友社　300元

・休閒保健叢書・ 品冠編號 641

1.	瘦身保健按摩術	聞慶漢主編	200 元
2.	顏面美容保健按摩術	聞慶漢主編	200 元
3.	足部保健按摩術	聞慶漢主編	200 元
4.	養生保健按摩術	聞慶漢主編	280 元
5.	頭部穴道保健術	柯富陽主編	180 元
6.	健身醫療運動處方	鄭寶田主編	230 元
7.	實用美容美體點穴術＋VCD	李芬莉主編	350 元

・心 想 事 成・ 品冠編號 65

1.	魔法愛情點心	結城莫拉著	120 元
2.	可愛手工飾品	結城莫拉著	120 元
3.	可愛打扮 & 髮型	結城莫拉著	120 元
4.	撲克牌算命	結城莫拉著	120 元

・健康新視野・ 品冠編號 651

1.	怎樣讓孩子遠離意外傷害	高溥超等主編	230 元
2.	使孩子聰明的鹼性食品	高溥超等主編	230 元
3.	食物中的降糖藥	高溥超等主編	230 元

・少 年 偵 探・ 品冠編號 66

1.	怪盜二十面相	（精）	江戶川亂步著	特價 189 元
2.	少年偵探團	（精）	江戶川亂步著	特價 189 元
3.	妖怪博士	（精）	江戶川亂步著	特價 189 元
4.	大金塊	（精）	江戶川亂步著	特價 230 元
5.	青銅魔人	（精）	江戶川亂步著	特價 230 元
6.	地底魔術王	（精）	江戶川亂步著	特價 230 元
7.	透明怪人	（精）	江戶川亂步著	特價 230 元
8.	怪人四十面相	（精）	江戶川亂步著	特價 230 元
9.	宇宙怪人	（精）	江戶川亂步著	特價 230 元
10.	恐怖的鐵塔王國	（精）	江戶川亂步著	特價 230 元
11.	灰色巨人	（精）	江戶川亂步著	特價 230 元
12.	海底魔術師	（精）	江戶川亂步著	特價 230 元
13.	黃金豹	（精）	江戶川亂步著	特價 230 元
14.	魔法博士	（精）	江戶川亂步著	特價 230 元
15.	馬戲怪人	（精）	江戶川亂步著	特價 230 元
16.	魔人銅鑼	（精）	江戶川亂步著	特價 230 元
17.	魔法人偶	（精）	江戶川亂步著	特價 230 元
18.	奇面城的秘密	（精）	江戶川亂步著	特價 230 元
19.	夜光人	（精）	江戶川亂步著	特價 230 元

・武 術 特 輯・大展編號 10

・彩色圖解太極武術・ 大展編號 102

·國際武術競賽套路· 大展編號 103

1. 長拳	李巧玲執筆	220 元
2. 劍術	程慧琨執筆	220 元
3. 刀術	劉同為執筆	220 元
4. 槍術	張躍寧執筆	220 元
5. 棍術	殷玉柱執筆	220 元

·簡化太極拳· 大展編號 104

1. 陳式太極拳十三式	陳正雷編著	200 元
2. 楊式太極拳十三式	楊振鐸編著	200 元
3. 吳式太極拳十三式	李秉慈編著	200 元
4. 武式太極拳十三式	喬松茂編著	200 元
5. 孫式太極拳十三式	孫劍雲編著	200 元
6. 趙堡太極拳十三式	王海洲編著	200 元

·導引養生功· 大展編號 105

1. 疏筋壯骨功＋VCD	張廣德著	350 元
2. 導引保建功＋VCD	張廣德著	350 元
3. 頤身九段錦＋VCD	張廣德著	350 元
4. 九九還童功＋VCD	張廣德著	350 元
5. 舒心平血功＋VCD	張廣德著	350 元
6. 益氣養肺功＋VCD	張廣德著	350 元
7. 養生太極扇＋VCD	張廣德著	350 元
8. 養生太極棒＋VCD	張廣德著	350 元
9. 導引養生形體詩韻＋VCD	張廣德著	350 元
10. 四十九式經絡動功＋VCD	張廣德著	350 元

·中國當代太極拳名家名著· 大展編號 106

1. 李德印太極拳規範教程	李德印著	550 元
2. 王培生吳式太極拳詮真	王培生著	500 元
3. 喬松茂武式太極拳詮真	喬松茂著	450 元
4. 孫劍雲孫式太極拳詮真	孫劍雲著	350 元
5. 王海洲趙堡太極拳詮真	王海洲著	500 元
6. 鄭琛太極拳道詮真	鄭琛著	450 元
7. 沈壽太極拳文集	沈壽著	630 元

·古代健身功法· 大展編號 107

1. 練功十八法	蕭凌編著	200 元

2. 十段錦運動	劉時榮編著	180 元
3. 二十八式長壽健身操	劉時榮著	180 元
4. 三十二式太極雙扇	劉時榮著	160 元
5. 龍形九勢健身法	武世俊著	180 元

·太極跤/格鬥八極系列· 大展編號 108

1. 太極防身術	郭慎著	300 元
2. 擒拿術	郭慎著	280 元
3. 中國式摔角	郭慎著	350 元
11. 格鬥八極拳之小八極〈全組手篇〉	鄭朝烜著	250 元

·輕鬆學武術· 大展編號 109

1. 二十四式太極拳 (附 VCD)	王飛編著	250 元
2. 四十二式太極拳 (附 VCD)	王飛編著	250 元
3. 八式十六式太極拳 (附 VCD)	曾天雪編著	250 元
4. 三十二式太極劍 (附 VCD)	秦子來編著	250 元
5. 四十二式太極劍 (附 VCD)	王飛編著	250 元
6. 二十八式木蘭拳 (附 VCD)	秦子來編著	250 元
7. 三十八式木蘭扇 (附 VCD)	秦子來編著	250 元
8. 四十八式木蘭劍 (附 VCD)	秦子來編著	250 元

·原地太極拳系列· 大展編號 11

1. 原地綜合太極拳 24 式	胡啟賢創編	220 元
2. 原地活步太極拳 42 式	胡啟賢創編	200 元
3. 原地簡化太極拳 24 式	胡啟賢創編	200 元
4. 原地太極拳 12 式	胡啟賢創編	200 元
5. 原地青少年太極拳 22 式	胡啟賢創編	220 元
6. 原地兒童太極拳 10 捶 16 式	胡啟賢創編	180 元

·名師出高徒· 大展編號 111

1. 武術基本功與基本動作	劉玉萍編著	200 元
2. 長拳入門與精進	吳彬等著	220 元
3. 劍術刀術入門與精進	楊柏龍等著	220 元
4. 棍術、槍術入門與精進	邱丕相編著	220 元
5. 南拳入門與精進	朱瑞琪編著	220 元
6. 散手入門與精進	張山等著	220 元
7. 太極拳入門與精進	李德印編著	280 元
8. 太極推手入門與精進	田金龍編著	220 元

·實用武術技擊· 大展編號 112

1.	實用自衛拳法	溫佐惠著	250 元
2.	搏擊術精選	陳清山等著	220 元
3.	秘傳防身絕技	程崑彬著	230 元
4.	振藩截拳道入門	陳琦平著	220 元
5.	實用擒拿法	韓建中著	220 元
6.	擒拿反擒拿 88 法	韓建中著	250 元
7.	武當秘門技擊術入門篇	高翔著	250 元
8.	武當秘門技擊術絕技篇	高翔著	250 元
9.	太極拳實用技擊法	武世俊著	220 元
10.	奪凶器基本技法	韓建中著	220 元
11.	峨眉拳實用技擊法	吳信良著	300 元
12.	武當拳法實用制敵術	賀春林主編	300 元
13.	詠春拳速成搏擊術訓練	魏峰編著	280 元
14.	詠春拳高級格鬥訓練	魏峰編著	280 元
15.	心意六合拳發力與技擊	王安寶編著	220 元
16.	武林點穴搏擊秘技	安在峰編著	250 元
17.	鷹爪門擒拿術	張星一著	300 元

·中國武術規定套路· 大展編號 113

1.	螳螂拳	中國武術系列	300 元
2.	劈掛拳	規定套路編寫組	300 元
3.	八極拳	國家體育總局	250 元
4.	木蘭拳	國家體育總局	230 元

·中華傳統武術· 大展編號 114

1.	中華古今兵械圖考	裴錫榮主編	280 元
2.	武當劍	陳湘陵編著	200 元
3.	梁派八卦掌（老八掌）	李子鳴遺著	220 元
4.	少林 72 藝與武當 36 功	裴錫榮主編	230 元
5.	三十六把擒拿	佐藤金兵衛主編	200 元
6.	武當太極拳與盤手 20 法	裴錫榮主編	220 元
7.	錦八手拳學	楊永著	280 元
8.	自然門功夫精義	陳懷信編著	500 元
9.	八極拳珍傳	王世泉著	330 元
10.	通臂二十四勢	郭瑞祥主編	280 元
11.	六路真跡武當劍藝	王恩盛著	230 元
12.	祁家通背拳	單長文編著	550 元
13.	尚派形意拳械抉微 第一輯	李文彬等著	280 元

・少林功夫・ 大展編號 115

1. 少林打擂秘訣	德虔、素法編著	300 元
2. 少林三大名拳 炮拳、大洪拳、六合拳	門惠豐等著	200 元
3. 少林三絕 氣功、點穴、擒拿	德虔編著	300 元
4. 少林怪兵器秘傳	素法等著	250 元
5. 少林護身暗器秘傳	素法等著	220 元
6. 少林金剛硬氣功	楊維編著	250 元
7. 少林棍法大全	德虔、素法編著	250 元
8. 少林看家拳	德虔、素法編著	250 元
9. 少林正宗七十二藝	德虔、素法編著	280 元
10. 少林瘋魔棍闡宗	馬德著	250 元
11. 少林正宗太祖拳法	高翔著	280 元
12. 少林拳技擊入門	劉世君編著	220 元
13. 少林十路鎮山拳	吳景川主編	300 元
14. 少林氣功秘集	釋德虔編著	220 元
15. 少林十大武藝	吳景川主編	450 元
16. 少林飛龍拳	劉世君著	200 元
17. 少林武術理論	徐勤燕等著	200 元
18. 少林武術基本功	徐勤燕編著	200 元
19. 少林拳	徐勤燕編著	230 元
20..少林羅漢拳絕技 拳功卷	高翔主編	230 元
21. 少林羅漢拳絕技 實戰卷	高翔主編	250 元
22. 少林常用器械	徐勤燕編著	230 元
23. 少林拳對練	徐勤燕編著	200 元
24. 少林器械對練	徐勤燕編著	200 元
25. 嵩山俞派金剛門少林強身內功	李良根著	220 元

・迷蹤拳系列・ 大展編號 116

1. 迷蹤拳（一）＋VCD	李玉川編著	350 元
2. 迷蹤拳（二）＋VCD	李玉川編著	350 元
3. 迷蹤拳（三）	李玉川編著	250 元
4. 迷蹤拳（四）＋VCD	李玉川編著	580 元
5. 迷蹤拳（五）	李玉川編著	250 元
6. 迷蹤拳（六）	李玉川編著	300 元
7. 迷蹤拳（七）	李玉川編著	300 元
8. 迷蹤拳（八）	李玉川編著	300 元

・截拳道入門・ 大展編號 117

1. 截拳道手擊技法	舒建臣編著	230 元
2. 截拳道腳踢技法	舒建臣編著	230 元
3. 截拳道擒跌技法	舒建臣編著	230 元

國家圖書館出版品預行編目資料

楊式太極拳〈85式〉 / 傅鍾文 演述,周元龍 筆錄,顧留馨 審
－初版－臺北市:大展,2001【民90】
面;21公分－(武術特輯;38)
ISBN 978-957-468-092-4(平裝)
1. 太極拳
528.972　　　　　　　　　　　　　90010992

楊式太極拳〈85式〉

ISBN 978-957-468-092-4

演　　述／傅　鍾　文
筆　　錄／周　元　龍
審　　者／顧　留　馨
審　　定／中國武術協會
責任編輯／土　　　潔
發 行 人／蔡　森　明
出 版 者／大展出版社有限公司
社　　址／台北市北投區(石牌)致遠一路2段12巷1號
電　　話／(02) 28236031・28236033・28233123
傳　　真／(02) 28272069
郵政劃撥／01669551
網　　址／www.dah-jaan.com.tw
E-mail／service@dah-jaan.com.tw
登 記 證／局版臺業字第2171號
承 印 者／傳興印刷有限公司
裝　　訂／建鑫裝訂有限公司
排 版 者／弘益電腦排版有限公司
授 權 者／北京人民體育出版社
初版1刷／2001年(民90年) 9月
初版4刷／2008年(民97年)10月　　　　　　　定價／200元

大展好書　好書大展
品嘗好書　冠群可期

大展好書　好書大展
品嘗好書　冠群可期